EXPOSITION INTERNATIONALE DE PHILADELPHIE

EN 1876.

————⋙⟡⋘————

SECTION FRANÇAISE.

————

RAPPORT

SUR

L'IMPRIMERIE ET LA LIBRAIRIE,

PAR M. RENÉ FOURET,

MEMBRE DU JURY INTERNATIONAL.

PARIS.

IMPRIMERIE NATIONALE.

————

M DCCC LXXVII.

EXPOSITION INTERNATIONALE DE PHILADELPHIE

EN 1876.

SECTION FRANÇAISE.

RAPPORT

SUR

L'IMPRIMERIE ET LA LIBRAIRIE,

PAR M. RENÉ FOURET,

MEMBRE DU JURY INTERNATIONAL.

PARIS.

IMPRIMERIE NATIONALE.

M DCCC LXXVII.

IMPRIMERIE ET LIBRAIRIE.

Les œuvres de l'intelligence vulgarisées par l'imprimerie et la librairie doivent évidemment occuper, dans toute Exposition, une place des plus importantes; elles n'ont pas cependant, comme beaucoup de produits, d'un mérite même inférieur, le privilège d'attirer la foule. Les lettrés, les hommes d'étude, les amis de l'enseignement, composent presque seuls la petite phalange des visiteurs sérieux qui examinent à fond et avec intérêt les volumes où sont prodigués les trésors de l'art, où se manifestent les progrès de la science, de la littérature et de l'industrie.

Le flot des curieux se dirige de préférence vers les vitrines où sont exposées les merveilles si attrayantes de l'orfévrerie et de la bijouterie; il admire les riches étoffes, les meubles artistiques; il s'arrête devant ces ingénieuses machines qui, fonctionnant sous les yeux des spectateurs, les initient à la fabrication des produits qu'elles enfantent avec une perfection et une rapidité incroyables. En admirant ces résultats prodigieux on oublie parfois pour quelle part importante l'imprimerie et la librairie y ont, directement ou indirectement, contribué. On ne se représente pas assez les services qu'un livre de modeste apparence a rendus pour la conception, pour l'exécution ou pour la diffusion des merveilles artistiques ou industrielles qui semblent lui être le plus étrangères. Quelle que soit l'idée dont l'art ou l'industrie, la science ou le commerce aient entrepris de tirer parti, on peut toujours être assuré que cette idée doit ou devra beaucoup de son succès au livre qui l'aura fixée, développée, livrée à l'examen de tous, répandue enfin dans le monde entier. Là même où l'on ne croit voir d'abord que des procédés techniques, habileté de main-d'œuvre ou secret de fabrication, l'influence du livre se fait encore sentir : de quels trésors serions-nous, en effet, privés si ce puissant divulgateur ne les avait révélés à l'artiste, à l'industriel ou au savant? L'imprimerie, et c'est ce qui fait d'elle le grand instrument de progrès dans les temps modernes, l'imprimerie n'est pas seulement une industrie spéciale, elle est l'industrie auxiliaire de toutes les autres, indispensable à toutes : et la meilleure preuve de ce qu'elles lui doivent, c'est que toutes profitent immédiatement de chaque progrès accompli dans l'art du typographe. S'il s'y introduit un perfectionnement technique ou une amélioration de détail, le contre-coup s'en fait sentir aussitôt dans les branches les plus diverses de l'activité humaine.

C'est ce qu'on a vu encore, il y a peu de temps, par un exemple des plus éclatants. Les applications de la galvanoplastie, en permettant à la presse de multiplier indéfiniment et à des prix modérés la reproduction des gravures, jusque-là si coûteuse et si restreinte, ont amené des résultats matériels et moraux qu'il eût paru chimérique de rêver il y a cinquante ans; le bois original, conservé sans altération, ne sert plus que de type pour la reproduction indéfinie d'admirables fac-simile métalliques; une même gravure fait en quelque sorte le tour du monde à bas prix, et le même livre paraît en vingt langues différentes avec une seule et même série d'illustrations. Quelle est la science, quelle est l'industrie qui n'ait déjà mis à profit cette révolution, toute récente encore, dans l'art typographique?

Il est donc bien légitime que l'imprimerie et la librairie saisissent l'occasion que leur offrent les Expositions universelles pour faire la revue et comme le bilan de leurs propres progrès. Non-seulement leur présence ajoute à l'éclat général de l'Exposition et offre aux esprits sérieux les éléments d'un tableau complet des lettres, des sciences, des arts et de l'industrie; il y a de plus, dans ces grandes manifestations internationales, pour l'imprimerie et la librairie une incontestable utilité.

Au point de vue général, les Expositions, en attestant l'importance et le développement de ces deux industries, attestent par là même la puissance intellectuelle d'un pays; elles donnent la mesure des efforts qui ont été faits pour propager l'instruction générale dans les masses et l'instruction proprement dite ou l'enseignement dans les écoles; elles témoignent de la direction suivie, de l'esprit régnant et des progrès réalisés.

Au point de vue commercial, les Expositions répandent les méthodes adoptées, encouragent la libre discussion avec tous ses bienfaits, vulgarisent les meilleures œuvres artistiques et littéraires, divulguent les procédés nouveaux de la science appliquée à la typographie, facilitent, par cette publicité internationale, la vente des livres fabriqués, tendent enfin à développer de plus en plus ces ventes et ces échanges qui portent si loin et si rapidement la renommée de nos artistes et de nos graveurs.

L'Exposition de Philadelphie, sans offrir un tableau complet de la richesse de chaque nation sous le rapport de la production du livre, était pour le moins aussi intéressante que toutes celles qui l'ont précédée. Pour en bien apprécier la valeur, il fallait considérer moins l'espace occupé par les divers exposants et le nombre des volumes que le mérite propre des ouvrages, l'intelligence qui a présidé à leur fabrication, leur édition, et enfin les heureux perfectionnements graduellement apportés dans l'art de la typographie et les diverses industries qui s'y rattachent.

Les sections française, américaine, allemande et hollandaise méritent surtout de fixer notre attention; nous aurons à nous en occuper ici d'une manière plus particulière.

Il est à regretter que l'exemple donné par l'imprimerie et la librairie de ces quatre pays n'ait pas été plus généralement suivi. Sans rechercher toutes les causes de ces abstentions trop nombreuses, qu'il nous soit permis en passant de mentionner les trois points principaux qui ont pu les motiver : 1° la distance; 2° l'absence de lois internationales protégeant aux États-Unis la propriété artistique, littéraire; et 3° enfin, les tarifs douaniers.

Les inconvénients de la distance avaient été singulièrement atténués par les réductions de transport et de fret qu'avaient consenties les compagnies de paquebots transatlantiques; mais les risques de mer n'en restaient pas moins, et la traversée d'Europe au nord des États-Unis passe avec raison pour être le plus dangereux des passages faits régulièrement par les grands steamers. De plus, le temps qu'il fallait consacrer à un tel voyage a empêché un grand nombre d'industriels d'envoyer leurs produits à Philadelphie, parce qu'ils ne pouvaient pas en surveiller eux-mêmes l'installation.

Le défaut de lois faisant respecter la propriété artistique et littéraire a eu une influence toute particulière sur la décision d'un grand nombre d'industriels et de fabricants, à propos de l'Exposition du Centenaire de 1876.

Depuis longtemps en France, et surtout en Angleterre, les éditeurs de livres et d'estampes réclament l'établissement de lois accordant de part et d'autre la protection des productions artistiques et littéraires dans les États de l'Union. Jusqu'à présent, les efforts de la diplomatie ont été infructueux sur cette question primordiale.

Il en est de même des tarifs douaniers, dont le taux élevé influe singulièrement sur le prix et sur la vente des livres aux États-Unis et, par suite, est un obstacle sérieux à l'importation. Cette entrave ne nous semble même pas justifiée, au moins en ce qui concerne les livres français, par le besoin de protéger l'industrie des nationaux.

On ne peut douter que l'élan des exposants de notre pays n'eût été bien plus grand et bien plus puissant s'ils avaient été stimulés par l'écoulement assuré et facile de leurs produits.

Il faut espérer que l'esprit éminemment commercial et pratique des Américains ne tardera pas à reconnaître la nécessité de supprimer ces entraves. Sans profit réel pour l'État, elles suffisent à gêner l'échange international des œuvres de l'intelligence, de ces œuvres qui exercent elles-mêmes une si notable influence sur la prospérité d'un grand pays.

Les États-Unis d'Amérique, après avoir su plus que tout autre peuple peut-être, profiter des conquêtes intellectuelles de l'ancien continent, semblent avoir entrepris d'arrêter, par des mesures fiscales ou en s'abritant derrière un système de protection, l'introduction et la vulgarisation des livres d'art et des ouvrages de science. Il y a donc là une sorte d'anomalie dans la législation d'un peuple où le progrès et la liberté sont les premières lois.

La grande manifestation internationale à laquelle nous avons assisté, et dont les représentants des industries typographiques ont profité pour faire entendre leurs justes réclamations, aura peut-être pour résultat de provoquer aux États-Unis une réforme nécessaire dans les tarifs douaniers et dans les législations internationales régissant l'imprimerie et la librairie. Il n'y a pas lieu d'insister plus longuement sur les avantages que procureraient à tous de pareilles réformes, et si ces résultats demeuraient acquis, les exposants imprimeurs ou libraires n'auraient pas à regretter les sacrifices qu'ils se sont imposés en envoyant leurs produits à Philadelphie.

Dans la classification officielle, les produits de l'imprimerie et de la librairie faisaient partie du département III, « Éducation et sciences; » ils constituaient dans la première section, « Système d'éducation, méthodes, bibliothèques, » la classe 306, sous la dénomination un peu confuse de « Livres de classe, Dictionnaires, Encyclopédies, Livres de références, Catalogues, Bibliographie, Almanachs, Traités spéciaux, Littérature générale et variée, Journaux, Publications périodiques, techniques et spéciales, Journaux illustrés ». D'un autre côté, la papeterie et la fourniture de bureau étaient classées dans le département II et comprises dans les classes 258 à 262, tandis que les machines à fabriquer le papier, à imprimer, à relier, etc., formaient, dans le département V, les classes 541 à 547.

Pour les travaux du Jury, cette classification avait été complétement remaniée et divisée en 28 groupes. La classe 306, ainsi que nous l'avons écrit plus haut, comprenait l'imprimerie proprement dite, faisant partie du groupe qui avait pour titre général « Éducation et sciences ».

La papeterie, la fourniture de bureau et les machines à fabriquer le papier, à imprimer, à relier, étaient comprises dans un des groupes précédents.

Nous insisterons surtout sur l'exposition des produits de l'imprimerie et de la librairie, à l'examen de laquelle nous avons eu l'honneur d'être associé comme faisant partie du Jury du groupe XXVIII.

Conformément à ce qui avait été déjà décidé à Paris et à Vienne, les imprimeurs proprement dits ont été admis à concourir sur un pied d'égalité avec les éditeurs n'ayant pas d'ateliers ou n'occupant pas directement des ouvriers. Les mêmes récompenses ont été attribuées aux uns et aux autres, sans que, au surplus, cette décision ait soulevé de sérieuses objections au sein du Jury.

Il ne nous appartient pas de revenir ici sur cette question si souvent débattue et qui maintenant semble définitivement réglée, ainsi que nous venons de le dire. Les imprimeurs qui exposaient à Philadelphie étaient eux-mêmes éditeurs, réunissant ainsi chez eux la direction de l'imprimerie proprement dite et le travail délicat de l'édition : aucun d'eux ne pouvait donc refuser une place des plus importantes au rôle proprement dit de l'éditeur. C'est l'éditeur qui, une fois la publication du livre arrêtée, décide le format, dirige l'impression depuis le titre jusqu'à l'index, choisit le papier, fait appel au crayon de l'artiste, au burin du graveur sur bois et de l'aqua-fortiste, à l'art du chromolithographe; il dirige le relieur et refuse l'ouvrage s'il ne porte pas l'empreinte du goût éclairé qui est, pour ainsi dire, la marque distinctive de sa fabrication. Certains ouvrages français ou étrangers, qui sont comptés parmi les chefs-d'œuvre, ont été conçus et dirigés par des éditeurs qui avaient eu la large part dans leur exécution.

Les deux mérites existent donc virtuellement et doivent être récompensés : telle a été l'idée qui a présidé aux décisions du Jury.

FRANCE.

Lorsque le président Grant a proclamé, le 10 mai 1876, l'ouverture de l'Exposition du Centenaire, moins de trois années s'étaient écoulées depuis la clôture du grand concours international de Vienne.

La librairie et l'imprimerie de notre pays avaient-elles su mettre à profit le court intervalle de temps qui séparait ces deux solennités? Il suffisait de jeter un coup d'œil sur les vitrines-bibliothèques des exposants français de la classe 306 pour se convaincre que jamais l'activité n'avait été aussi grande dans les industries qui y étaient groupées. A côté de vastes entreprises continuées avec succès sont venues se grouper d'importantes publications nouvelles, témoignant de l'essor que continue à prendre le commerce du livre en France, comme d'ailleurs dans tous les autres pays; aucune des branches de la typographie et de la librairie n'est restée en arrière.

La librairie classique a poursuivi les progrès constants qui avaient été précédemment constatés aux Expositions de Paris, de Londres et de Vienne. Les ouvrages d'art, d'architecture, les éditions de grand luxe, où la gravure sur bois s'unit à l'eau-forte et à la chromolithographie, ont continué à être recherchés par les hommes de goût. Tantôt on traduit ces livres ou on leur emprunte leurs planches, tantôt ils servent comme de types pour des publications du même genre faites à l'étranger.

La librairie scientifique ne reste pas au-dessous de la mission qu'elle doit remplir : aidée par les ressources si multiples que lui procurent les diverses applications de la gravure et de la photographie, elle suit pas à pas les travaux et les découvertes de nos savants, de nos médecins et de nos ingénieurs.

Enfin, la typographie est devenue un art cultivé par de fervents adeptes; et c'est pour satisfaire ce besoin d'un public d'élite que chaque éditeur, que chaque imprimeur veut offrir aux bibliophiles des séries nouvelles dans lesquelles il s'efforce de créer des types d'un genre nouveau ou d'imiter, sans pouvoir toujours les surpasser, les chefs-d'œuvre du xvi* et du xvii* siècle.

Une exposition collective organisée par le CERCLE DE LA LIBRAIRIE réunissait, dans un même et imposant effort, cet ensemble de progrès acquis et présentait comme une histoire vivante de la typographie française depuis plusieurs années.

Près de cinquante imprimeurs, libraires, éditeurs, fabricants de papier, d'encre, fondeurs, chromolithographes, avaient pris part à cette démonstration internationale; renonçant à toute récompense individuelle, ils avaient voulu se grouper, comme à Vienne, pour représenter dignement la France et n'avoir qu'une seule médaille [1].

[1] Nous croyons devoir donner ici la liste des maisons ayant participé à l'exposition collective du Cercle de la librairie.

LIBRAIRIE.

J. Baudry, Eugène Belin, Armand Colin, Ch. Delagrave, V. Adrien Delahaye et Cie, Jules Delalain et fils, Didier et Cie, Firmin Didot et Cie, Ducrocq, J. Dumaine, Dunod, Paul Dupont, Furne Jouvet et Cie, Gauthier-Villars, Guillaumin et Cie, Hachette et Cie, J. Hetzel et Cie, D. Jouaust, Calmann Lévy, Librairie agricole de la Maison Rustique, Loones (librairie Renouard), Maisonneuve et Cie, Alfred Mame et fils, G. Masson, Vve A.

Morel et Cie, E. Plon et Cie, C. Reinwald et Cie, Ch. Tanera, Camille Coulet.

PUBLICATIONS INDIVIDUELLES.

Haincque de Saint-Senoch, Ph. Kuhff, Ch. Laboulaye, M. A. Méliot, Colonel Staaf, typologie Tucker.

INDUSTRIES DIVERSES.

Ch. Bécoulet et Cie, Jules Bernard et Cie, Canson et Montgolfier, Coblence, C. Derriey, J. L. Hennecart et Cie, Lacroix frères, Ernest Lair, Léon Lecerf, Ch. Lorilleux, Papeteries du Marais.

L'exposition collective du Cercle de la librairie occupait deux emplacements contigus; une sorte de salon, dans lequel on pouvait étudier et examiner à loisir les livres, contenait trois corps de bibliothèques où étaient disposés les volumes. Sur la muraille étaient inscrits les noms des différentes maisons qui avaient contribué à cette collectivité.

Une autre vitrine quadrangulaire placée en face contenait les produits de la papeterie, de la fonderie et, en général, des autres industries représentées dans le Cercle.

Étudier les mérites de chacun de ces exposants et parler de leurs productions, ce serait passer en revue toute la librairie de Paris et de la France, faire une sorte d'histoire complète de la typographie et par suite sortir du cadre que nous nous sommes tracé : la lecture des rapports sur les Expositions antérieures comblera cette lacune, car la plupart des maisons qui s'étaient rendues à l'appel du Cercle de la librairie avaient obtenu les premières récompenses à Paris, à Vienne et à Londres.

Un catalogue de l'exposition commune, fait spécialement pour l'Exposition de Vienne, chef-d'œuvre de typographie et de bon goût, est resté comme un souvenir du succès remporté à cette occasion par la France dans l'industrie du livre.

Pour Philadelphie, le Cercle de la librairie est de nouveau entré résolûment dans la lutte; son intervention a permis de suppléer dignement à des abstentions trop nombreuses et de présenter un ensemble complet de l'état de la typographie en France. Un catalogue spécial, imprimé avec moins de luxe que celui de Vienne, constatait les efforts de ceux qui avaient contribué à cette exposition d'ensemble.

Le Jury international de Philadelphie a reconnu l'importance exceptionnelle de cette exposition collective. Motivant son jugement dans les termes les plus élevés et les plus élogieux, il a déclaré qu'une récompense devait être décernée au Cercle de la librairie, aussi bien pour l'excellence et le mérite des œuvres qu'il expose au nom de tous que pour reconnaître les services rendus par cette institution aux industries typographiques.

La librairie d'architecture tenait une place importante et distinguée dans la section française à l'Exposition du Centenaire. La raison en est facile à comprendre : ce genre d'ouvrages est, pour ainsi dire, cosmopolite; ils parlent aux yeux, et peuvent presque être utilisés sans avoir besoin d'être appuyés sur le texte. La France a, dans cette sorte de publications, une réputation universelle, et pour la soutenir les éditeurs rivalisent de goût et d'activité. A leur tête se tient la librairie centrale d'architecture de Vve Morel et Cie.

Imprimerie.

Fondée en 1857 par MM. Morel et Des Fossés sous la raison sociale A. Morel et Cie, cette importante maison est aujourd'hui dirigée par M. Des Fossés seul, depuis la mort de son autre fondateur.

Le catalogue de cette maison ne comprend que des ouvrages spéciaux ayant rapport à l'architecture, aux arts et aux arts appliqués à l'industrie.

Il constitue un ensemble imposant de documents utiles aux artistes, aux architectes et à tous ceux qui s'occupent des industries relatives à la construction, à la décoration et à l'ameublement.

En parcourant ces publications, nous pouvons citer en première ligne le *Dictionnaire raisonné de l'architecture française du XIe au XVIe siècle* et le *Dictionnaire raisonné du mobilier français*, les deux œuvres capitales de M. Viollet-le-Duc, qui font autorité tant au point de vue de l'art qu'à celui de l'histoire archéologique. Le crayon de l'auteur est venu en aide à sa plume et ces deux ouvrages comprennent plus de 6,000 gravures, toutes d'après les dessins de M. Viollet-le-Duc lui-même.

A côté de ces deux grandes encyclopédies, il faut placer l'*Histoire des arts industriels*, de M. Labarte; l'*Architecture romane*, de M. H. Revoil; l'*Art arabe*, de M. Prisse d'Avennes; l'*Histoire de l'ornement russe; les Habitations modernes;* magnifiques publications in-folio, à l'exécution desquelles ont concouru tous les genres de gravure, et surtout la chromolithographie, avec une perfection qui égale, si elle ne dépasse tout ce qui a été fait pour des ouvrages analogues.

A la suite de ces grands volumes viennent d'autres ouvrages moins importants, monographies de palais et monuments publics, traités spéciaux concernant l'art du serrurier, du menuisier, enfin de tout ce qui concourt à l'architecture et à l'ameublement.

Cette énumération serait incomplète si nous ne parlions pas des publications périodiques de la maison Morel; citons d'abord l'*Encyclopédie d'architecture*, la *Gazette des architectes*, le *Journal du peintre décorateur, du menuisier, du serrurier,* pour en arriver à *l'Art pour tous.* Ce recueil périodique fondé en 1862, sous la direction artistique de M. Reiber, a pour but de présenter à tous ceux qui s'occupent d'art décoratif des modèles variés, appartenant à des époques bien déterminées et choisis avec soin. Cette encyclopédie est mise par son bon marché à la portée de tous; elle a en outre rendu les plus grands services en guidant d'une façon sûre et éclairée le goût public : aussi peut-on dire que le mérite de cette publication n'a pas peu contribué au jugement des plus élogieux que le Jury international a porté sur l'exposition hors ligne de la librairie Vve Morel et Cie.

La librairie générale de l'architecture et des travaux publics, dirigée et

fondée tout récemment par MM. Ducher et Cie, a aussi, comme son titre
l'explique, un but tout spécial; elle se voue exclusivement à la publication
des livres d'architecture, d'archéologie, d'art et de travaux publics.

Au catalogue de cette maison, nous voyons figurer la *Revue générale de
l'architecture et des travaux publics*, l'*Architecture privée au xixe siècle* et les
autres grandes publications de M. César Daly, dont l'apport a assuré à cette
librairie, dès son origine (1870), un rang important et en a constitué le
premier fonds.

L'activité de MM. Ducher et Cie ne s'est pas démentie; à côté de nombreuses publications moins considérables, ils publient huit recueils périodiques justement estimés. Ils commencent, sous la direction de M. Ch.
Garnier, membre de l'Institut, et avec le concours de la plume et du crayon
de cet illustre artiste, une monographie complète du *Nouvel Opéra :* les
premières livraisons parues promettent une entreprise digne de l'œuvre
capitale qu'elle doit décrire.

La série des publications éditées par M. Dunod est peut-être plus éten-
-due et plus variée. Les traités spéciaux sur les travaux publics, les mines,
les chemins de fer, des livres classiques de science pure, tiennent une place
importante sur son catalogue avec les ouvrages d'architecture et d'art.

Dans ce premier ordre d'idées, il faut citer les *Annales des ponts et chaus-
sées*, les *Annales des mines*, les *Nouvelles annales de la construction*, paraissant
périodiquement et qui comptent plusieurs années d'existence. Le *Traité des
chemins de fer*, de Couche; les *Appareils à vapeur*, de Ledieu; les *Travaux souterrains de Paris*, de Belgrand; le *Traité de génie rural*, de Mangon,
sont des ouvrages indispensables à tous les ingénieurs et font autorité
dans la matière. L'enseignement classique est représenté dans le catalogue
par des ouvrages justement estimés, tels que la *Physique* de Boutan et
d'Almeida, la *Cosmographie* de Briot. L'*Architecture lombarde*, de Dartein,
et la *Flore monumentale*, de Ruprich-Robert, sont des œuvres d'art, pour
l'impression et la gravure desquelles rien n'a été épargné.

La librairie polytechnique de J. Baudry s'est aussi presque exclusivement consacrée aux publications ayant trait à la science de l'ingénieur et
de l'architecte.

Un heureux et habile emploi de la gravure sur pierre caractérise les
ouvrages édités par cette maison et réalisent sur la fabrication des écono-
mies certaines.

Le *Portefeuille* de la société Cockerill, le *Cours d'exploitation des mines* de
Burat et le *Cours de métallurgie* de Jordan, qui contiennent un nombre con-

sidérable de planches, offrent de bons spécimens de la gravure exécutée à Liége dans les ateliers mêmes de M. J. Baudry.

Dans la série des publications d'architecture, nous trouvons l'*Art archi-tectural*, de Rouyer; les *Appartements des Tuileries*, du même; l'*Architecture civile et religieuse du 1er au ve siècle*, du comte de Vogüé : ouvrages remar-quables par le choix des motifs, la finesse et la sûreté des dessins.

Bien que moins spéciale que les maisons Dunod et Baudry, la librairie ROTHSCHILD doit être aussi rangée dans la classe des librairies technolo-giques et clôt la liste de celles qui ont exposé à Philadelphie.

Deux ouvrages lui assurent une place importante dans ce genre d'édi-tions : les *Promenades de Paris* et les *Travaux publics de la France*. Terminée au moment de l'Exposition de Vienne, la publication des *Promenades de Paris* de M. Alphand, entreprise sous le patronage de la Ville de Paris et du Ministère de l'agriculture et du commerce, a exigé, pour être amenée à bonne fin, plus de six années de travail et une dépense de plusieurs cen-taines de mille francs. Les différents procédés de gravure ont été habile-ment employés par M. Rothschild pour ce grand travail; ils en font autant un livre technique qu'un ouvrage d'art et de goût.

Nous n'avons pu voir que quelques spécimens des *Travaux publics de la France*, publication faite avec la direction de M. L. Reynaud sous les auspices du Ministère des travaux publics; elle formera cinq volumes, mais il est permis de croire qu'elle égalera, si elle ne la surpasse pas en importance, celle des *Promenades de Paris*. Nous avons remarqué l'emploi, pour les grandes planches de cet ouvrage, d'un nouveau procédé de pho-totypographie.

A côté de ces grands volumes, la librairie Rothschild a édité de nom-breux ouvrages sur l'art industriel, l'histoire naturelle et l'agriculture, auxquels de nombreuses gravures, souvent empruntées à des publications faites à l'étranger, donnent un cachet particulier de bonne fabrication.

L'exposition d'une librairie presque exclusivement consacrée à l'édition d'ouvrages scientifiques et de mathématiques n'est pas de celles qui attirent la foule; mais elle offre un intérêt particulier aux amis de la science et aux typographes de profession.

Tel est le cas qui se présente pour les publications de M. GAUTHIER-VILLARS, ancien élève de l'École polytechnique.

C'est en examinant les difficultés vaincues pour arriver à l'impression de ce genre de livres que l'on peut se rendre compte des services qui sont ainsi rendus indirectement à la science.

Un matériel typographique spécial établi avec une extrême précision permet à l'imprimerie de composer les formules mathématiques dans des conditions qui donnent à l'ensemble une disposition claire et logique et assurent la régularité et la solidité, tout en réalisant une grande économie de main-d'œuvre. Il suffisait de jeter un coup d'œil sur la première édition des œuvres de Lagrange et de la comparer avec la dernière édition du même ouvrage pour reconnaître les immenses progrès qu'a réalisés dans ce genre de travail un imprimeur-libraire qui est en même temps homme de science.

La librairie HACHETTE ET Cⁱᵉ avait envoyé à Philadelphie ses principales publications. On comprendra sans peine les motifs qui nous empêchent de parler des ouvrages édités par cette maison et de porter un jugement sur son exposition[1].

Presque exclusivement classique, la librairie de M. Cⁿ. DELAGRAVE est une des maisons françaises qui ont le plus participé au mouvement géographique commencé à la suite des événements de 1870-1871. Sous la savante et active direction de M. E. Levasseur, de l'Académie des sciences morales et politiques, membre du Jury international de Philadelphie, l'Institut géographique de M. Ch. Delagrave a publié en peu d'années un nombre relativement considérable de livres, atlas, cartes, globes, reliefs, appareils de toutes sortes, et a constitué un enseignement complet de la géographie, soit en rajeunissant ou revisant avec soin des publications faites antérieurement, telles que l'*Atlas de Brué*, soit en créant des œuvres nouvelles, et en faisant appel à tous les procédés récemment inventés que la chromolithographie et la gravure mettent au service de la cartographie. La *Carte en relief de la France*, dressée et modelée par Mⁱˡᵉ Kleinhans avec l'assistance et sur les conseils de M. Levasseur, tenait une place des plus importantes dans l'exposition de M. Delagrave. Il a fallu près de trois années de travail assidu pour terminer cette carte, qui comprend, avec la France, toute la Suisse et une partie de l'Allemagne : elle est à l'échelle du $\frac{1}{1.000.000}$; les hauteurs, pour être plus facilement comprises à l'œil et pour rendre le relief plus sensible, ont été exagérées et portées au $\frac{1}{250.000}$, c'est-à-dire quadruplées.

En résumé, les auteurs de cette carte ont donné là une œuvre réelle-

---

[1] Dans sa séance du 22 juin 1876, les membres du Jury international composant le groupe XXVIII, sur la proposition de l'un d'entre eux, ont exprimé leurs regrets de ne pouvoir accorder de récompense à la maison Hachette et Cⁱᵉ, qui était mise hors concours par suite de la présence d'un de ses chefs au sein même de ce groupe du Jury; ils ont demandé, en outre, qu'il leur fût donné acte de cette déclaration et qu'elle figurât aux procès-verbaux des séances de la Commission des récompenses.

ment belle et utile, qui laisse bien loin derrière elle les premiers essais de
ce genre; elle fait autant honneur à la science qu'à l'art lui-même.

Ne quittons pas la librairie Delagrave sans parler de ses éditions des
classiques grecs et latins et de ses grands dictionnaires encyclopédiques
d'histoire, de géographie, des sciences physiques et naturelles, par Dezo-
bry, Bachelet, Focillon et Privat-Deschanel.

On a cherché bien des moyens de donner, à l'aide des cartes géographiques, l'impression du relief du sol, et on a été de plus en plus exigeant
pour arriver à l'exactitude de cette impression. Le premier, M. ERHARD a
fait appel à la chromolithographie pour offrir à l'œil une idée de la con-
figuration du terrain, et son premier essai avec sa grande carte de France
a fait une véritable sensation dans le monde de la cartographie. Prenant
pour base la carte orohydrographique des Gaules, M. Erhard en a fait
prendre à l'huile une épreuve; l'artiste, en donnant autant que possible,
par des teintes à chaque massif et à chaque portion de massif, son relief
proportionnel, a pu suivre pas à pas les indications topographiques du
dépôt de la Guerre sans les altérer. Avec une grande habileté et d'une
manière fort heureuse, M. Erhard a traduit par la chromolithographie les
indications données par le pinceau de l'artiste. L'effet général est saisis-
sant. On voit se détacher dans leurs contrastes naturels les plaines ondu-
lées du Nord et de l'Ouest, les terrains accidentés de l'Est et du Centre,
les verdoyantes et riches vallées de nos grands fleuves, les groupes de nos
montagnes intérieures, les chaînes et les massifs alpestres de nos frontières :
c'est un ensemble étonnant de mouvement et de vérité. A côté de la
Carte de France, M. Erhard exposait une grande *Carte de l'Amérique du Nord*,
faite d'après les mêmes procédés et dont la vue donnait une impression
frappante de ce prodigieux pays. On comprendra la réserve qui nous est
imposée en appréciant les cartes exposées par M. Erhard[1]; mais nous
ne devons pas laisser passer sous silence ces travaux qui ont valu à leur
auteur les récompenses les plus élevées dans les Expositions précédentes et
les éloges du Jury de Philadelphie.

MM. AUGUSTE GODCHAUX ET Cie ont pu se créer une place à part des plus
importantes et des plus honorables dans nos industries avec une spécialité : l'édition et la fabrication des cahiers d'écriture à l'usage des écoles
primaires.

Inventeurs d'un nouveau procédé, ils produisent annuellement 25 ou

---

[1] La librairie Hachette et Cie édite les différentes cartes dont il est question ici.

3o millions de cahiers d'un prix très-modique, réglés et portant en tête de chaque page un modèle d'écriture. Frappés des inconvénients que présente pour ce genre de travail l'impression typographique, trop noire pour la réglure et les modèles, trop empâtée dans les fins, MM. Godchaux comprirent que la perfection ne pourrait être atteinte qu'avec la gravure en creux et cherchèrent longtemps une solution pour obtenir à bon marché l'impression en taille-douce.

Cette solution, ils la trouvèrent en imitant l'impression des étoffes au moyen de rouleaux gravés en creux. Leurs presses impriment mécaniquement, avec autant de rapidité que de finesse, la gravure en taille-douce des deux côtés à la fois et sur papier continu.

Nous sortirions de notre cadre si nous décrivions en détail ces ingénieuses machines, qui sont maintenant en usage en Allemagne, en Angleterre et en Italie; nous devons toutefois ajouter que MM. Godchaux et Cⁱᵉ ont, en réalité, créé une industrie réalisant des progrès considérables, et nous reconnaissons que c'est à juste titre que les encouragements les plus flatteurs leur ont été accordés.

Le nom de CHARPENTIER est attaché à une *Bibliothèque* ou collection d'ouvrages dont les premiers publiés donnèrent dans la librairie française le signal d'une véritable révolution. Jusqu'en 1837, les œuvres des auteurs contemporains et surtout des romanciers étaient publiés le plus souvent en plusieurs volumes in-8°, tirés à petit nombre, contenant peu de matières et dont le prix variait de 8 à 1o francs.

Ces éditions étaient vendues aux cabinets de lecture, comme cela se pratique encore dans bien des cas en Angleterre : on louait les livres; on les rendait après les avoir lus, et il était bien rare qu'une bibliothèque particulière comprît à cette époque d'autres livres que des ouvrages purement classiques.

Les frais coûteux du premier établissement, et surtout de la composition, ainsi que les droits d'auteurs, n'étant répartis que sur un petit nombre d'exemplaires, les éditeurs étaient obligés de ne les vendre qu'à des prix relativement élevés, ce qui servait et encourageait la contrefaçon étrangère, qui d'ailleurs n'était arrêtée alors par aucune loi de protection internationale.

M. Charpentier, frappé des inconvénients de cet état de choses, eut l'idée de la combattre énergiquement et trouva la solution du problème en imprimant 36 pages à la fois, au lieu de 16, sur une feuille de papier du format dit *jésus.*

Il avait trouvé le moyen de fabriquer des volumes mesurant 18 centimètres de hauteur sur 12 centimètres, ayant de 350 à 500 pages, pouvant être vendus uniformément 3 fr. 50 cent. et contenant la matière de quatre ou cinq des anciens volumes. Le format *Charpentier* était créé.

Au fur et à mesure que cette collection s'augmenta, le public cessa de louer des livres et commença à en acheter et à les garder. L'impulsion était donnée et ne tarda pas à se généraliser dans la librairie française.

La *Bibliothèque Charpentier* comprend les œuvres de la plupart des grands écrivains qui, depuis 1830, ont illustré notre littérature : Alfred de Musset, Victor Hugo, Théophile Gautier, Mérimée, Laboulaye, Sandeau, Cousin, Mignet; aux collections des classiques français son fondateur a joint une collection de traduction des classiques grecs et latins et aussi des meilleurs ouvrages étrangers.

Tous ces volumes, d'un format et d'un prix uniformes, portant des couvertures toutes semblables, conservent le caractère particulier qu'a su leur donner leur éditeur, dont le nom restera gravé dans les annales de la librairie française.

Depuis quelques années il s'est produit dans la typographie et la librairie de notre pays un autre mouvement qui, sans avoir l'influence de la petite révolution faite dans le commerce des livres par M. Charpentier, n'en a pas moins sa grande importance : nous voulons parler de l'espèce de rénovation typographique qui s'est faite par l'imitation des types anciens. Les imprimeurs Perrin, de Lyon, et Claye, de Paris, dont les noms laisseront longtemps des souvenirs dans les industries dont nous nous occupons ici, ont fait, presque en même temps, les mêmes tentatives d'impressions en caractères archaïques. D'anciennes matrices trouvées au rebut chez des fondeurs de Lyon leur ont servi de premiers types. Jannet, amateur de livres autant qu'éditeur, a appelé l'attention du public sur les éditions de bibliophiles; malheureusement, il dut se préoccuper de vendre à bon marché et sacrifier parfois à cette nécessité le souci de la perfection artistique dans la plupart des volumes de la *Bibliothèque Elzévirienne*.

Imprimeur de cette collection, dont il a conservé les types, M. Jouaust a suivi la voie ainsi ouverte et a certainement eu la plus grande part dans le mouvement que nous avons signalé plus haut. A la fois imprimeur et éditeur, il a su donner aux volumes publiés par lui une valeur littéraire en même temps qu'un caractère particulier de bon goût; ce double mérite a assuré sa réputation de typographe et lui a valu, il y a trois ans, la croix de la Légion d'honneur.

Une édition à 20 francs des *Satires* de Régnier signala les débuts de

M. Jouaust comme éditeur de publications archaïques. Il créa successive-
ment diverses séries, les unes plus chères, les autres à meilleur marché;
la dernière, commencée sous le titre de *Nouvelle Bibliothèque classique,*
est appelée par son prix peu élevé à vulgariser les éditions de bibliophiles.
Ces collections sont dignement complétées par une suite d'ouvrages avec
gravures hors texte présentée au public sous le titre de *Grandes Publications artistiques* et *Petite Bibliothèque artistique.*

L'eau-forte est presque le seul procédé de gravure auquel M. Jouaust
ait fait appel pour les illustrer, et l'usage qu'il en a fait lui a valu l'appro-
bation des connaisseurs. Citons dans ces deux séries l'*Imitation de Jésus,* avec
eaux-fortes d'après Henry Lévy, le *Voyage de Sterne* et le *Gulliver,* avec
gravures d'après les beaux dessins d'Edmond Hédouin.

Comme toutes les réformes et toutes les innovations, les éditions de bibliophiles ont été accueillies par les uns avec un enthousiasme exagéré,
critiquées par les autres avec une sévérité qui tournait quelquefois même
à l'injustice. Nous croyons, pour notre part, que certaines réserves doivent
être faites dans l'emploi des types anciens; ne cédant pas à un engoue-
ment irréfléchi ou à une mode d'un jour, il faut imiter, mais seulement
avec discernement, nos maîtres du xvie et du xviie siècle, en n'appliquant,
par exemple, ce genre archaïque qu'aux réimpressions ou aux ouvrages
ayant trait à l'époque. Nous n'en applaudissons pas moins aux efforts per-
sévérants de ceux qui se sont mis à la tête de ce mouvement : les livres qu'ils
ont publiés dénotent des éditeurs pleins de goût et des typographes con-
sciencieux autant qu'habiles.

Des éditions de bibliophiles à la reliure d'amateur la transition est
toute naturelle, car l'une est le corollaire de l'autre; un de nos relieurs,
artiste et doreur à la fois, M. Lortic, avait envoyé un choix de ses meilleures
œuvres. Tous les amateurs de livres qui ont visité l'Exposition du Centenaire, aussi bien que les gens du métier, ont tenu à examiner longuement,
et nous dirons avec amour, cette magnifique collection presque unique
dans son genre. Toutes les grandes époques de la reliure étaient représentées dans cette vitrine par des spécimens différents qui auraient pu
servir à une histoire de l'art dans lequel M. Lortic est passé maître : on y
retrouvait des volumes dignes de figurer dans la bibliothèque de Grolier,
des reliures dites *fanfares* ou dans les genres des Legascon, des Du Seuil,
des Derôme, le tout exécuté avec une habileté et une sûreté de main qui
laissent quelquefois derrière elles la main-d'œuvre souvent défectueuse des
anciens maîtres. Non content d'imiter ces vieux chefs-d'œuvre ou de s'en
inspirer, M. Lortic a créé son genre à lui, genre dans lequel la richesse de

l'ornementation est loin d'exclure le bon goût. Frappé de ces mérites, le Jury international a motivé dans les termes les plus élogieux la récompense qu'il a accordée à M. Lortic.

Un des noms français les plus connus aux États-Unis, et qui ont sans contredit contribué le plus à y faire apprécier et aimer les chefs-d'œuvre de la peinture ancienne et moderne, est celui de MM. GOUPIL ET Cⁱᵉ.

Depuis près de trente ans, cette importante maison a établi une succursale à New-York; elle n'a pas cessé depuis lors d'importer sur une échelle considérable des tableaux de nos meilleurs artistes, en même temps qu'elle divulguait leurs œuvres à l'aide de ces belles collections d'estampes qui n'ont pas de rivales dans d'autres pays.

Faisant appel, tantôt au burin, tantôt à l'eau-forte, MM. Goupil et Cⁱᵉ n'ont pas négligé les procédés nouveaux créés par la photographie; par une découverte récente, la photogravure, ils en ont fait une application immédiate et directe à la reproduction des dessins et des tableaux.

Citer le nom des peintres et des graveurs dont les œuvres ont été reproduites ou éditées par cette maison, ce serait énumérer toutes les célébrités de l'art moderne; notons en passant cependant ceux de Paul Delaroche, Ary Scheffer, Gérôme, Paul Baudry, dont les œuvres gravées les plus remarquables figuraient à l'Exposition du Centenaire.

N'oublions pas non plus le *Cours de dessin* en trois parties, par M. Bargue, sous la direction et avec le concours de M. Gérôme, membre de l'Institut.

La maison Goupil et Cⁱᵉ, bien que de fondation déjà ancienne, a encore la bonne fortune de compter son fondateur parmi les hommes intelligents qui la dirigent, et elle continue à marcher hardiment dans la voie qu'il lui a tracée dès son origine.

L'exposition de la GAZETTE DES BEAUX-ARTS tenait un rang des plus honorables dans la librairie française. Comptant déjà dix-huit années d'existence, cette intéressante revue, dirigée avec autant de sûreté que de goût, fait autorité en matière de critique d'art et a sa place marquée dans la bibliothèque des amateurs de peinture, de sculpture, et en général de tout ce qui constitue la curiosité.

Les éditeurs de ce recueil se sont montrés de chauds partisans de l'eauforte et n'ont pas peu contribué à en propager le goût, tant en France qu'à l'étranger.

Le Jury a reconnu ces divers mérites : aussi a-t-il tenu à apprécier les efforts qui ont donné et qui maintiennent à cette utile publication un caractère original et un légitime succès.

Le journal L'ART suit les traces de la Gazette des Beaux-Arts et est entré dans la route que lui a indiquée sa devancière. Faisant aussi appel à l'eau-forte, cette publication est déjà recherchée des amateurs et ses premiers essais méritent d'être encouragés.

L'imagerie religieuse est surtout la spécialité de la maison BOUASSE-LEBEL.

Imprimeur en taille-douce et en chromolithographie, M. Bouasse-Lebel a concentré dans son établissement tout ce qui concerne la fabrication de l'imagerie commune aussi bien que de l'imagerie fine. Sa collection comprend une immense variété de types, dont le prix, tout en variant, reste toujours dans les limites d'un bon marché étonnant. Les gravures que cette maison édite se distinguent par le bon goût qui préside à leur fabrication, l'excellente impression et le choix des sujets : de telles qualités suffisent pour lui assurer une place à part dans ce genre de publications.

Avant de nous occuper de la papeterie et des autres branches d'industries qui se rattachent directement par leur nature à l'imprimerie et à la librairie, il convient de parler des quelques spécimens de grands ouvrages publiés sous les auspices du MINISTÈRE DE L'AGRICULTURE ET DU COMMERCE, du MINISTÈRE DES TRAVAUX PUBLICS ou de la VILLE DE PARIS.

Ces ouvrages, la plupart recueils de rapports ou de statistiques, faisaient regretter que notre Imprimerie Nationale n'eût pas pris part à ce concours international et n'eût pas exposé cette série de grands travaux qu'admirent tous ceux qui s'occupent de typographie.

Quelques maisons seulement représentaient la papeterie française à Philadelphie.

En première ligne, nous devons citer les produits de MM. BLANCHET FRÈRES ET KLÉBER, dont l'éloge n'est plus à faire; leur vitrine contenait de nombreux spécimens de leurs papiers d'impressions, de leurs papiers à lettres, et surtout de leurs papiers pour la photographie, dont l'usage, grâce à leur excellente fabrication, est répandu dans le monde entier.

A côté de fort beaux papiers façonnés et de spécimens d'impression lithographique, MM. GONTHIER DREYFUS ET Cie exposaient une collection de registres à dos mécanique d'un nouveau système qui a été fort appréciée par le Jury. Disons en passant que cette importante maison est presque exclusivement vouée au commerce d'exportation et envoie ses produits dans le monde entier; ses affaires se chiffrent par millions de francs et elle occupe constamment plus de 350 ouvriers.

M. Maquet avait une remarquable exposition de papiers de fantaisie façonnés et une belle collection de chiffres en couleur.

Des spécimens de sacs en papier avaient été envoyés par MM. Haymann frères, qui occupent plusieurs centaines d'ouvrières dans leurs usines exclusivement affectées à cette industrie.

La fourniture de bureau proprement dite était encore représentée par les couleurs de Bourgeois, les plumes de fer de Blanzy, Poure et Cie, les encriers de fantaisie de Dubourguet, les encres de Ch. Lorilleux, Larenaudière, Toiray-Maurin et Antoine.

Seuls de tous les fabricants de machines à imprimer, MM. Alauzet et Cie avaient tenu à honneur de faire figurer leurs produits à Philadelphie. Ils avaient envoyé une machine lithographique, deux machines typographiques, dont l'une en blanc et l'autre à retiration.

Nous n'insisterons pas sur les avantages que présentent les machines construites par MM. Alauzet; disons seulement qu'elles sont recherchées par nos imprimeurs, tant à cause de la régularité et de la sûreté de leur marche que des perfectionnements que les habiles mécaniciens ont su apporter à leur construction. Signalons pour la machine lithographique les dispositions heureuses qui facilitent le chargement et le calage des pierres et les améliorations données aux pointures pour arriver à un bon repérage; pour la machine typographique à retiration, il faut citer les modifications brevetées apportées au système ordinaire pour éviter les inconvénients trop communs du papillotage ou déplacement.

Cette trop rapide énumération serait encore incomplète si nous ne parlions pas de MM. Chaix et Cie.

Ils concouraient, non pas pour leurs travaux typographiques, qui tiennent cependant un rang si honorable dans l'industrie française, mais pour l'ensemble des institutions créées par eux pour améliorer la condition de leurs ouvriers.

Une série complète de brochures, règlements, notices, statuts, etc., donnaient une idée de l'organisation de cet important établissement, concernant les mesures d'hygiène, d'ordre, d'intérêt général, et les rapports moraux et pécuniaires entre le patron et l'ouvrier. Participation dans les bénéfices, caisse de prévoyance et de retraite, écoles professionnelles d'apprentis, telles sont les principales institutions en vigueur fonctionnant depuis plusieurs années dans cet établissement avec un succès qui, à Philadelphie comme à Vienne, a vivement frappé le Jury international et a valu une nouvelle récompense à MM. Chaix et Cie.

En terminant cette revue des exposants français appartenant à l'industrie
du livre et du papier, qu'il nous soit permis d'exprimer le regret que des
maisons portant des noms si appréciés en typographie, comme les Mame,
les Didot, les Claye, les Masson, les Delalain, ne soient entrées dans la
lice qu'indirectement et dans l'exposition collective du Cercle de la librairie; le concours de ces vétérans, lauréats des Expositions antérieures,
aurait ajouté encore à l'éclat d'une exposition qui en résumé, nous pouvons le dire avec quelque orgueil, était digne de la vieille typographie
française.

ÉTATS-UNIS D'AMÉRIQUE.

Ainsi que l'on devait s'y attendre, la librairie américaine avait tenu à
honneur de faire une imposante manifestation à l'Exposition du Centenaire. Il faut avouer, cependant, que la première nouvelle de ce concours
international avait été accueillie avec une certaine froideur par la généra-
lité des éditeurs. Une Commission spéciale avait été nommée à une des
assemblées de l'Association de la librairie (*American book trade association*),
mais elle rencontra tout d'abord une indifférence qui ne put être vaincue
que trop tardivement pour réaliser tous les projets qui avaient été mis à
l'étude.

De ce retard il est résulté que l'espace attribué dans le palais de
l'Exposition aux industries du livre était relativement restreint et que le
Comité d'organisation a eu de grandes difficultés à vaincre, difficultés qui
n'ont même pas été toutes entièrement surmontées. Avec une hardiesse
tout américaine, un vaste pavillon à deux étages était construit dans le bâtiment principal sur l'emplacement réservé à la librairie et avait ainsi
doublé l'espace primitivement accordé.

Ce procédé ne laissait pas que d'avoir certains inconvénients : un grand
nombre des vitrines placées à l'étage inférieur manquaient de jour, et
les visiteurs forcés de monter à l'étage supérieur délaissaient un peu les
exposants qui y avaient installé leurs produits.

Le défaut d'harmonie dans la disposition des vitrines, surtout dans le
bas, pouvait encore prêter à la critique; mais, en somme, l'ensemble était
satisfaisant et faisait honneur à l'activité et au goût du Comité d'organisation.

Il semble difficile de se rendre compte de ce qu'est le commerce de la
librairie dans un pays comme les États-Unis. Il n'existe aucune formalité
de dépôt pour les livres, aucune taxe ne frappe directement ou indirectement la librairie; par suite il est presque impossible de faire des
calculs exacts de statistique, et on est réduit à se livrer presque entièrement

aux conjectures. Quiconque, cependant, étudie attentivement la question remarque tout d'abord les immenses débouchés qui sont ouverts à la librairie américaine, et ensuite la part relativement petite que la littérature proprement dite et originale du pays prend dans ce vaste mouvement. A première vue du catalogue ou d'une vitrine d'un libraire, le nombre des ouvrages réimprimés de l'anglais ou traduits du français ou des autres langues frappe et étonne. Il faut alors se souvenir que la république des États-Unis date d'un siècle, et que la plus grande partie de ces cent années ont été occupées à lutter au dedans et au dehors, à soutenir la guerre civile, une des plus longues et des plus sanglantes qu'aient enregistrées les annales de l'histoire, à former pour ainsi dire une population, à conquérir pied à pied le sol et à le défricher. Si l'on considère d'un œil impartial ces difficultés vaincues en si peu de temps, on en vient à admirer la rapidité des progrès acquis et à faire la part honorable qui revient de droit aux poëtes, historiens, littérateurs du «jeune pays», comme l'appellent les Américains eux-mêmes.

La librairie classique a son caractère d'originalité toute particulière; mais aussi quel vaste champ est ouvert à son activité! Dans un pays où l'instruction est une des principales préoccupations des gouvernants, où on ne regarde pas à dépenser des sommes souvent exagérées pour les écoles, tout libraire veut éditer sa collection de classiques, sa série de cinq *Readers* gradués (livres de lecture), une suite de géographies, de grammaires, de traités d'arithmétique. Ajoutons que l'impression en général est très-soignée, le papier fort et solide; les illustrations sont répandues à profusion dans le livre. Rarement la vente reste au-dessous des espérances de l'éditeur; malgré la concurrence, le prix très-élevé auquel il peut vendre ses livres (le plus souvent le cinquième *reader* se vend 6 à 7 francs de notre monnaie) lui permet de couvrir ses frais si la vente est difficile, ou de réaliser des bénéfices si le livre se répand.

Dans le système américain, le commerce régulier de la librairie est entre les mains de trois catégories bien distinctes de personnes : les éditeurs (*publishers*), les commissionnaires (*jobbers*), les détaillants (*retailers*).

Parmi les éditeurs, un certain nombre forment une classe à part : les *subscription publishers*, éditeurs d'ouvrages par souscription; ils vendent par l'intermédiaire d'agents ou représentants qui exploitent exclusivement à leur profit certains États ou certaines portions d'État: aussi chercherait-on en vain dans la vitrine des libraires détaillants un exemplaire des ouvrages ainsi publiés. Certains éditeurs, qui ne doivent cependant pas être classés parmi les *subscription publishers*, ont eux-mêmes recours à ce mode d'exploitation. Ce système est surtout adopté pour les encyclopédies et autres publications d'intérêt général, surtout lorsqu'il s'agit d'ouvrages d'un prix élevé et publiés par livraisons ou fascicules.

La vente par souscription exige une organisation toute spéciale; les frais d'exploitation sont fort coûteux, et par suite l'application n'en est possible qu'à des ouvrages très-chers : il en est résulté que dans bien des cas, pour faire vendre ainsi des ouvrages, les éditeurs ont dû les imprimer en gros caractères sur des papiers communs et fort épais et, en somme, présenter au public des volumes flattant l'œil de l'acheteur mais ayant plus de forme que de fonds.

Le commissionnaire (ou *jobber*) est pour ainsi dire le trait d'union entre les éditeurs et les détaillants; ceux-ci préfèrent souvent n'avoir affaire qu'à un seul intermédiaire groupant leurs comptes et leurs envois. Ces *jobbers* ne prélèvent pas à leur profit une commission sur leurs mandants, ainsi que cela se pratique en France et en Allemagne; ils vendent au mieux de leurs intérêts, en profitant des surremises souvent très-larges qui leur sont faites par les éditeurs. Il n'existe guère de *jobbers* que dans les villes de l'Est, centres principaux de la librairie; mais cependant, dans l'Ouest, certains forts détaillants réclament le titre de *jobbers,* pour obtenir les surremises qui sont accordées par les éditeurs à cette classe de vendeurs.

Réunir dans une même maison les différentes branches d'une même industrie, telle semble être la tendance générale du commerce américain : aussi, à quelques exceptions près, la plupart des grandes maisons qui éditent ou fabriquent font la commission et même vendent au détail.

En ce moment la librairie américaine traverse une véritable crise, occasionnée par la question du prix des livres et des remises à accorder, soit aux libraires, soit même aux simples particuliers, sur les prix des catalogues. Pendant la guerre de sécession, alors que le prix du papier était doublé ou triplé et que la main-d'œuvre enchérissait dans les mêmes proportions, les éditeurs furent naturellement amenés à augmenter largement leurs prix de catalogue : il en résulta que pour faciliter la vente on prit l'habitude de faire des escomptes sur le prix fort, même à de simples particuliers. L'Association de la librairie américaine, dans laquelle sont représentées la plupart des grandes maisons des États-Unis et dont l'organisation rappelle un peu celle du Cercle de la librairie de Paris, s'est occupée tout particulièrement dans ses dernières réunions de cette question brûlante : elle a pris des résolutions tendant à abaisser les prix forts, à interdire de faire des rabais aux simples particuliers; elle a limité, en outre, à un taux uniforme les remises à faire en dehors de la librairie à certaines catégories de personnes. Tous les journaux bibliographiques, à leur tête le *Publisher's Weekly,* ont soutenu résolûment ce mouvement. Il est bien difficile de pré-

voir, surtout au milieu de la crise générale qui afflige les États-Unis, si
cette campagne entreprise avec tant d'ardeur par l'Association de la librairie américaine obtiendra un succès complet. Pourtant, il paraît cons-
tant que certains éditeurs commencent à réduire leurs prix, notamment
sur les livres à l'usage de la jeunesse, que l'on vendait généralement avec
l'énorme remise de 6o p. o/o sur les prix marqués.

Quels que soient, d'ailleurs, les résultats ainsi obtenus, il n'en faut pas
moins applaudir aux efforts de ceux qui se mettent généreusement à l'œuvre
pour servir la cause de l'industrie à laquelle ils appartiennent.

Ces courtes observations sur le commerce de la librairie en Amérique
seraient trop incomplètes si nous ne disions pas un mot de l'« AMERICAN
NEWS COMPANY ». Cette société concentre presque exclusivement entre ses
mains le service de toutes les publications périodiques éditées aux États-
Unis. C'est, en résumé, une vaste maison de commission, qui s'appuie sur
un des journaux bibliographiques les plus répandus de l'autre côté de
l'Atlantique, l'*American Bookseller,* dont elle est propriétaire. Administrée
avec beaucoup d'habileté en même temps que de hardiesse, l'*American
News Company* est à la tête d'un capital considérable, qu'augmentent encore
les dépôts d'argent faits à titre de provision par les petits libraires ou marchands de journaux répandus dans toutes les plus petites villes de l'Union;
ces détaillants doivent fournir à titre de provision, et en compte avec la
société, une somme suffisante pour répondre des fournitures courantes
qui leur sont expédiées. Cette société constitue une véritable puissance avec
laquelle les éditeurs doivent compter; mais il faut ajouter qu'elle ne semble
pas vouloir abuser de la situation, et nous pourrions citer tel éditeur d'un
grand *Magazine,* tirant à plusieurs milliers d'exemplaires, qui se décharge
entièrement sur l'American News Company du soin de distribuer sa publication sur tous les points des États-Unis moyennant une très-légère commission.

MM. D. APPLETON AND Cº dirigent une maison considérable où, comme
nous le disions plus haut, suivant les tendances américaines, sont concentrées les différentes branches du commerce de la librairie. Dans les vastes
constructions qu'ils occupent à Brooklyn se trouvent leurs presses typographiques, leurs ateliers de composition et de reliure. Le papier y entre en
rame et en sort à l'état de livre, protégé par un modeste cartonnage classique ou couvert d'une superbe reliure destinée à la bibliothèque d'un
amateur.

Une des choses qui frappent, en visitant ces ateliers, c'est l'emploi de
machines ingénieuses que nous connaissons à peine en France, machines

à tremper le papier, machines à plier et à coudre. Chercher autant que possible à supprimer la main-d'œuvre et la remplacer par des forces mécaniques, telle semble être la règle d'un pays où les salaires, surtout il y a quelques années, étaient presque le triple des nôtres. A New-York, dans Broadway, MM. Appleton ont leurs magasins de vente au détail; ils font expédier de là sur tous les points de l'Union et même du globe les ouvrages édités par eux ou ceux achetés à d'autres éditeurs. Dans leur vitrine, à l'Exposition du Centenaire, on remarquait avec intérêt un petit volume in-32, *les Miettes de la Table du Maître*, portant le millésime de 1831; c'est le premier volume édité par les Appleton.

Depuis cette époque, que d'ouvrages publiés, que d'efforts tentés pour arriver à créer cette grande maison, dont l'importance a, pour ainsi dire, grandi avec celle de l'Union américaine.

A côté de ce modeste volume, qui a signalé les débuts de MM. Appleton and C°, se trouvait exposé un superbe exemplaire richement relié de *Picturesque America*, monument typographique qu'ils ont voulu élever à leur pays. Cet important ouvrage forme deux volumes in-4°, illustrés de nombreuses et belles gravures sur bois ou sur acier, d'après les dessins des meilleurs artistes du pays; la disposition du texte et l'impression peuvent entrer en comparaison avec les travaux faits en France et en Angleterre; en résumé, c'est une publication qui fait le plus grand honneur à ses éditeurs et qui peut être considérée, au point de vue typographique et de l'ensemble de l'illustration, comme la meilleure des publications entièrement originales qui soient sorties des presses américaines.

Une des autres grandes entreprises de MM. Appleton and C° est l'*American Cyclopædia*, premier recueil de ce genre publié en Amérique. Cette encyclopédie est arrivée aujourd'hui à sa deuxième édition et forme seize volumes in-8°, imprimés sur deux colonnes, comprenant de nombreuses gravures intercalées dans le texte. Là encore le succès a couronné les efforts des éditeurs; les tirages de cette vaste compilation ont atteint des chiffres considérables.

La *Bibliothèque scientifique internationale* doit aussi compter parmi les publications importantes de MM. Appleton.

Publiée simultanément en anglais, en français, en allemand, en russe et en italien, cette collection, à laquelle contribuent les hommes de science les plus influents de tous les pays, a pour but de faire connaître immédiatement dans le monde entier les idées originales, les directions nouvelles, les découvertes importantes qui se font chaque jour. Près de trente volumes ont déjà paru et plus de quarante autres sont annoncés comme étant en préparation.

Sur le même catalogue nous voyons figurer les noms des meilleurs auteurs américains, les œuvres d'Herbert Spencer, les mémoires du général Sherman, une suite intéressante d'ouvrages généraux sur l'histoire des États-Unis, et une série très-appréciée de guides pour les voyageurs.

La librairie classique est aussi une des branches les plus importantes de la maison Appleton. Elle édite avec un égal succès, en vue de l'instruction primaire, des livres de lecture courante, de géographie, d'histoire, d'arithmétique; en vue de l'éducation morale et religieuse, des séries de lectures choisies; en vue de l'enseignement secondaire, des ouvrages de littérature, de philosophie, de science théorique ou appliquée, et enfin de bonnes collections de classiques grecs et latins.

La maison de MM. HARPER FRÈRES rivalise avec celle de MM. Appleton pour l'intelligence et l'activité. MM. Harper ne s'occupent que de la fabrication et de la vente de leurs propres publications.

Tout est concentré dans le vaste établissement qu'ils ont fait bâtir dans le cœur de la vieille cité de New-York, sur l'emplacement même de leurs anciens ateliers incendiés en 1853.

Les précautions les plus minutieuses sont prises pour empêcher le retour d'un pareil malheur, et les dispositions particulières que l'architecte a données aux bâtiments pour prévenir les effets du feu sont une des choses qui frappent le plus lorsqu'on y entre pour la première fois. Les magasins sont séparés des autres bâtiments par une cour; la composition, les machines à imprimer, la reliure, sont installés dans les six étages d'un vaste atelier. C'est là que s'imprime et s'édite une série de publications périodiques répandues dans toute l'Union : le *Harper's Monthly Magazine,* dont la fondation remonte à 1850 et dont le tirage a monté rapidement à plus de cent mille exemplaires; le *Harper's Weekly,* qui rivalise de succès avec son aîné, et enfin le *Harper's Bazar* (journal de modes), fondé en 1863. Le catalogue de cette maison contient des noms bien connus de tous ceux qui s'occupent de la littérature ou de l'histoire des États-Unis, les œuvres de Ticknor, de Motley et de Curtis, l'*Encyclopédie de la Bible* de Mac Clintock, l'*Histoire des États-Unis* de Hildreth, *la Révolution et la guerre de l'Indépendance* de Lossing.

MM. Harper frères sont aussi au premier rang comme libraires classiques; leurs séries pour l'enseignement primaire et secondaire jouissent d'une réputation méritée : citons leurs livres de lecture, leurs géographies, les livres de grammaire de Swinton, les traités de mathématiques de Loomis, les collections des classiques grecs et latins d'Anthon et de Douglass.

MM. J.-B. LIPPINCOTT AND C°, dont l'exposition occupait une vaste vitrine en dehors du pavillon de l'Association, sont à la tête d'un établissement qui peut marcher de pair avec ceux de MM. Appleton et Harper.

Toutes les opérations de leur industrie sont concentrées dans leur maison de Market Street, à Philadelphie; impressions en typographie, en lithographie et en taille-douce, reliure et cartonnage se font directement sous leurs yeux et dans le même local.

Les fournitures de bureau et la fabrication des registres comptent aussi parmi les branches importantes de cette maison.

La librairie de MM. Lippincott est, dans le sens propre du mot, une librairie universelle; il n'y a pas de branches de la littérature, de la science ou de l'histoire auxquelles ils n'aient consacré quelques publications importantes.

La ville de Philadelphie est un des centres intellectuels les plus importants des États-Unis, et ces intelligents éditeurs ne pouvaient manquer de profiter d'une situation si propice.

A côté d'intéressants ouvrages de science, d'histoire, de livres classiques primaires et secondaires, de médecine et de droit surtout, il faut citer une excellente série de Dictionnaires encyclopédiques ou d'ouvrages dits de référence, les Dictionnaires de littérature anglaise d'Allibone, de biographie, de médecine, qu'il est utile de consulter à chaque instant et que l'on doit posséder dans toute bibliothèque.

MM. SCRIBNER ARMSTRONG AND C° apportent le plus grand soin aux nombreuses publications qu'ils éditent et savent leur donner un caractère particulier d'élégance. Leur revue périodique, le *Scribner's Magazine*, est dirigée avec une habileté et un goût littéraire qui lui ont assuré le succès dès son apparition; ce recueil est illustré avec profusion de gravures sur bois, la plupart exécutées par des artistes américains et dont le travail est digne de tout éloge. Encouragés par l'accueil qui leur a été fait par le grand public, MM. Scribner ont voulu aussi se faire aimer des enfants, et ils ont fondé, il y a trois ans à peine, le *Saint-Nicholas*, recueil mensuel destiné à la jeunesse.

Les enfants de tous les âges peuvent tirer en même temps amusement et profit de la lecture de leur *Magazine*, qu'enrichissent de nombreuses illustrations originales et auquel collaborent des auteurs portant des noms bien connus, comme, entre autres, ceux de Mme Marie Mape Dodges et de miss Alcott.

MM. Scribner and C° exposaient également le premier volume de l'*Histoire populaire des États-Unis*, œuvre importante dont ils ont confié la rédaction à M. W. Cullen Bryant, un des hommes les plus aimés et les plus respectés aux États-Unis; intimement mêlé depuis près de cinquante ans à la vie publique de son pays, il pouvait entreprendre avec une indiscutable autorité d'en écrire l'histoire. Cette publication comprendra quatre volumes grand in-8°, richement illustrés de scènes, de portraits et de paysages. C'est une œuvre capitale dans son ensemble; les éditeurs y ont donné tous leurs soins, ne négligeant rien pour arriver à la rendre digne du noble but qu'ils se proposaient.

Nous remarquons encore dans ce catalogue le *Commentaire de la Bible* de Lange, les œuvres de Froude, Headley et Mitchell et surtout les excellents ouvrages géographiques de Guyot, traités, atlas, séries de cartes murales, qui ont fait école dans les États-Unis et qui, s'ils rencontrent aujourd'hui une sérieuse concurrence, n'en restent pas moins une œuvre d'une incontestable autorité.

Un exemplaire sur papier de Chine et richement relié des œuvres de Bacon figurait dans la vitrine de MM. Hurd and Houghton et offrait un spécimen d'une des meilleures impressions faites aux États-Unis. Leur établissement de Cambridge (the Riverside Press), près Boston, passe avec juste raison pour tenir un rang des plus remarquables dans la typographie américaine. La reliure y est également faite avec beaucoup d'art et de goût, ainsi qu'en témoignaient les divers échantillons exposés. L'*Atlantic Monthly,* qui occupe dans l'Union la place que tient en France la Revue des deux Mondes, sort des presses de MM. Hurd and Houghton, qui éditent également l'*American Naturalist,* journal des sciences naturelles, le *Law Times,* recueil périodique concernant la jurisprudence, et le *Journal de chirurgie et de médecine.* Il serait trop long d'énumérer toutes les intéressantes publications de cette maison; qu'il nous soit seulement permis de citer en passant le *Dictionnaire de mécanique* de Knight et les *Papillons de l'Amérique du Nord* d'Edwards, ce dernier ouvrage illustré de belles gravures sur acier et coloriées.

Les services que G. P. Putnam a rendus aux lettres américaines ne doivent pas être oubliés; son *Magazine* a eu. il y a déjà plusieurs années, un succès dont il était digne et a contribué à faire connaître le nom de l'homme intelligent qui fut aussi l'éditeur de Washington Irving, Bryant et Bayard Taylor.

MM. J. R. Osgood and Cⁿ, de Boston, sont également des éditeurs éminemment américains, et la lecture de leur catalogue ferait passer en revue les plus grands noms de l'histoire de la littérature des États-Unis. Emerson, Lowel, Longfellow, Hawthorne. Bret Harte, Agassiz, Ticknor, Aldrich, ont tenu à honneur d'être édités par cette maison. A ces œuvres originales il convient d'ajouter une curieuse et belle collection de traductions signées des noms les plus illustres; qu'il nous suffise de dire que Bryant, Bayard Taylor et Longfellow ont traduit, pour MM. Osgood and C°, Homère, *Faust* de Gœthe et *la Divine Comédie* de Dante.

Si maintenant nous quittons la librairie générale pour parler des maisons ne s'occupant que de publications purement classiques, nous citerons en première ligne MM. A. S. BARNES AND C°, qui se sont consacrés presque exclusivement aux livres d'éducation et d'enseignement. Ils ont pour organe le *National Teacher's Monthly*, excellent recueil pédagogique et celui qui passe pour être le plus répandu aux États-Unis. Deux excellentes séries de livres comprenant le cours complet d'éducation sont publiées concurremment par cette maison et comprennent, entre autres ouvrages, les *National and independent Readers,* les géographies de Monteith et de Mac Nally et les ouvrages de mathématiques de Davies et de Peck.

A côté de ces classiques, la *Teacher's Library* forme une bibliothèque pédagogique complète et indispensable à toute cette classe de personnes dévouées qui consacrent leur existence à l'éducation de la jeunesse.

La vitrine de MM. G. AND C. MERRIAM, de Springfield, était exclusivement réservée aux ouvrages de N. Webster. Le grand *Dictionnaire* du « Maître d'école de la République » (c'est ainsi que l'on appelle familièrement cet illustre lexicographe) fait autorité dans la matière et doit être consulté par quiconque s'occupe de l'étude de la langue anglaise.

De ce monument lexicographique plus de dix autres dictionnaires de formats et de prix différents ont été tirés, se vendant parallèlement et se complétant les uns par les autres.

Ne prononçons pas le nom de Webster sans parler aussi de son *Elementary Speller,* dans lequel la jeunesse américaine apprend à lire depuis la fin du siècle dernier et qui a été tiré à plus de cinquante millions d'exemplaires.

Le *Dictionnaire de Worcester,* édité par MM. BREWER AND TILESTON, dispute à celui de Webster la palme de la lexicographie. La lutte est vive : des brochures sont échangées vantant les mérites de chaque dictionnaire et indiquant les imperfections et les défauts du concurrent. Il ne nous appartient pas de trancher la grave question de savoir lequel des deux l'emportera de Webster ou de Worcester; disons seulement que ces deux ouvrages ont rendu de réels services à l'étude de la langue anglaise.

A la suite de ces maisons, citons comme libraires classiques à Phila-

delphie MM. BUTLER AND C°, COWPERTHWAIT AND C°; à New-York IVISON
BLAKEMAN AND TAYLOR, éditeurs de la méthode d'écriture de Spencer et de
plusieurs bonnes séries d'ouvrages scolaires (*American Educational Series*)
particulièrement riches pour les mathématiques, les sciences naturelles
et les langues vivantes; POTTER AINSWORTH AND C°, qui exposaient, à côté de
classiques grecs et latins, la méthode d'écriture de Scribner et une intéressante série de cahiers de dessin; SCHERMERHORN AND C°, qui joignent à leur
commerce de matériel pour les écoles la publication de bons livres d'éducation, de l'*Educational Monthly*, et qui viennent de donner le premier volume de l'*Encyclopédie d'éducation;* SHERWOOD AND C°, de Chicago, qui présentaient une curieuse série de livres de lecture primaire avec des planches
en couleur; enfin, SOWER POTTS AND C°, qui dirigent la plus ancienne librairie
des États-Unis, aujourd'hui plus que centenaire, et qui depuis 1740 soutiennent de père en fils la vieille réputation de leur maison.

M. STEIGER n'est pas seulement connu comme libraire classique; à l'Exposition de Vienne, il avait eu l'heureuse idée de réunir et d'exposer des
numéros spécimens de plus de six mille journaux publiés aux États-Unis
et dont il estimait à 8,500 le chiffre total.

M. Steiger, pour l'Exposition du Centenaire, n'avait pas tenté de nouveau cette difficile entreprise; mais le souvenir en est resté dans un volume
comprenant un catalogue des livres et journaux ou autres écrits périodiques
publiés dans toute l'Union. Il est curieux de parcourir ces catalogues, qui
donnent une idée de l'étendue du pouvoir et de l'influence qu'exerce en
Amérique la presse périodique, et, sans en tirer conclusion, nous ne
croyons pas être trop hardi en disant que, sous ce rapport, la jeune république a laissé loin derrière elle les nations de l'ancien monde.

Une curieuse publication est celle exposée par MM. J. SABIN AND SONS,
de New-York. La *Bibliotheca Americana* est un dictionnaire bibliographique
des livres publiés dans tous les pays et dans toutes les langues sur l'Amérique; cette intéressante compilation formera de sept à huit volumes imprimés avec autant de luxe que de soin et qui seront d'un précieux secours
pour ceux qui étudient l'histoire des États-Unis.

A côté de la vitrine de MM. Sabin and sons se trouvaient celles de l'A-
MERICAN NEWS COMPANY, qui contenait la collection de l'*American Bookseller*,
et celle de M. LEYPOLDT AND C°, qui présentait la série de *Publisher's Weekly*
avec ses utiles *Uniform annual Trade List,* collections des catalogues des
éditeurs américains réunis en un volume publié annuellement. Nous avons
eu l'occasion de citer les services rendus par ces deux journaux bibliogra-

phiques à la cause de la librairie américaine. Ils soutiennent tous deux de tout leur pouvoir le « Book Trade Association » et ont contribué pour leur large part au succès de l'exposition des libraires.

Dans une séance générale de l'association à laquelle nous avons eu l'honneur d'être invité et reçu avec la plus grande courtoisie, nous avons pu nous rendre compte de l'heureux succès des efforts qu'ils avaient tentés et appuyés de leur autorité.

Si nous citons encore les publications de médecine de MM. LINDSAY AND BLAKISTON, les bons ouvrages d'architecture de MM. A. J. BICKNELL AND Cᵒ, et si nous parlons, pour mémoire des nombreux livres de piété et de propagande, bibles, traités de théologie, présentés par les différentes sociétés bibliques, qui en général offrent des spécimens de bonne fabrication courante, nous aurons épuisé la liste des principales maisons qui s'étaient groupées dans le pavillon du « Book Trade Association ».

En résumé, quatre-vingt-quatre exposants avaient répondu à l'appel du comité d'organisation, et à part quelques abstentions regrettables, telles que celles de MM. Little, Brown and Cᵒ, les éditeurs de Bancroft, et de M. H. Lea, l'intelligent et influent éditeur de livres de médecine, toutes les maisons importantes avaient envoyé leurs produits et donnaient par l'ensemble de leur exposition une idée de ce que peut produire la librairie américaine.

GRANDE-BRETAGNE ET COLONIES ANGLAISES.

L'abstention paraît être devenue la règle que les éditeurs de la Grande-Bretagne adoptent systématiquement dans les Expositions universelles.

A Vienne déjà, les rapports officiels ont constaté avec regret que, à l'exception d'un seul imprimeur et de deux ou trois sociétés bibliques, les libraires anglais avaient renoncé à prendre part à ce concours international.

Malgré le défaut de protection accordée à la propriété littéraire et les faits regrettables qui en sont quelquefois la conséquence immédiate, et aussi malgré l'exagération des tarifs douaniers, l'importation aux États-Unis des livres imprimés en Angleterre atteint des chiffres considérables; tout éditeur anglais, avant de commencer une publication importante, doit compter avec les ressources qu'il trouvera pour la vente sur le marché américain. Il paraîtrait donc au premier abord que la librairie anglaise eût le plus grand intérêt à se faire représenter à Philadelphie, et il y avait lieu d'espérer qu'elle se départirait de la ligne de conduite suivie aux Expositions antérieures

Il n'en a rien été. A part quelques notables et heureuses exceptions, nous avons eu à constater l'absence de la plupart des grandes maisons de Londres, d'Édimbourg et de Glasgow; les Longman, les Murray, les Mac Millan, les Chapman, les Virtue, les Nelson, les Spottiswoode, les Low, n'avaient pas envoyé les beaux ouvrages qu'ils éditent ou impriment et qui sont la gloire de la typographie anglaise.

Parmi les imprimeurs éditeurs qui n'avaient pas voulu abandonner la lutte, nous devons citer en première ligne MM. CASSELL, PETTER AND GALPIN. Il y a maintenant un peu plus d'un quart de siècle que M. John Cassell mettait en vente *l'Ami du travailleur* (*The working man's Friend*). Cette publication devait être bientôt suivie d'autres séries du même genre destinées à supplanter la littérature malsaine et de bas étage répandue alors dans les classes ouvrières et à relever le niveau moral de cette masse de lecteurs en leur donnant, sous une forme variée, des leçons instructives et amusantes avec l'attrait d'un grand nombre d'illustrations. En 1855, M. Cassell s'adjoignit M. Petter et M. Galpin, et cette maison, ainsi solidement fondée, ne cessa de poursuivre le but éminemment moralisateur qu'elle s'était proposé dès son origine.

Il serait trop long d'énumérer ici toutes les publications de la maison Cassel; nous nous contenterons de citer celles qui se recommandent tout particulièrement à l'attention.

Nous parlerons d'abord de l'*Illustrated Family Bible,* dont les premiers tirages ont atteint rapidement le chiffre énorme de 300,000 exemplaires.

Le *Pilgrim's Progress* de Bunyan, le *Family prayer Book,* la *Bible de l'enfance,* le *Bible Educator,* et surtout la *Sainte Bible* avec les illustrations de Gustave Doré, ont eu le même succès que les publications qui les avaient annoncés et précédés.

Si maintenant nous nous occupons des ouvrages concernant l'éducation en général, nous citerons en première ligne le *Popular Educator,* «l'Éducateur populaire,» qui sans contredit a rendu d'inappréciables services aux classes ouvrières.

A une époque où les écoles étaient encore peu nombreuses et peu fréquentées et où les publications relatives à la vulgarisation de la science étaient rares ou atteignaient des prix relativement élevés, ce dernier recueil, mis par son bon marché à la portée de toutes les bourses, permit aux classes peu fortunées d'acquérir à peu de frais le moyen de se perfectionner dans toutes les branches et connaissances. Malgré le nombre et la valeur littéraire ou scientifique de publications du même genre produites depuis la première apparition du *Popular Educator,* les éditions de ce recueil se sont rapidement succédé et ont atteint un chiffre total de tirage de 800,000 exemplaires. Le *Technical Educator* est venu ensuite compléter la publication dont nous venons de parler : il comprend une série de traités de technologie qui permettent à l'artisan d'acquérir des notions théoriques exactes sur une foule de choses qu'il fait le plus souvent par routine. Une méthode de dessin d'ornement et autres, des manuels pratiques, complètent la collection des ouvrages d'éducation populaire publiés par MM. Cassell and C°.

L'*Histoire d'Angleterre*, dont la vente se chiffre par près d'un demi-million d'exemplaires, ouvre la liste d'une autre série de livres pour l'illustration de laquelle les éditeurs ont fait appel aux meilleurs artistes anglais et étrangers; citons à la suite le *Shakespeare*, l'*Histoire naturelle*, le *Guide du Ménage* (*Household Guide*), les *Lectures illustrées*, le *Gulliver* et le *Robinson Crusoë*.

Tout récemment ils viennent de faire paraître le *Livre du cheval*, le *Livre de la basse-cour*, et enfin ils ont commencé la vente en livraisons de l'*Europe pittoresque*, publication qui prouve que l'activité de cette importante maison ne se ralentit pas un seul instant.

Les *Magazines* de MM. Cassell, Petter and Galpin ont aussi une réputation méritée : dans cet ordre citons le *Quiver*, le *Cassell's Magazine* et *Little Folks*, ce dernier destiné aux enfants.

Sept cent cinquante personnes sont employées constamment dans leur vaste local de la Belle Sauvage Yard. Pour donner une idée de l'activité qui règne dans cette maison et de l'importance de ses opérations, qu'il nous suffise de dire qu'il sort par mois de leurs magasins plus de 500,000 numéros ou livraisons de journaux ou autres publications périodiques.

MM. Bradbury, Agnew and C° occupaient, dans l'avenue Transversale du bâtiment principal de l'Exposition, un vaste pavillon qui était appelé communément le Pavillon de *Punch*. MM. Bradbury and C° sont les éditeurs du célèbre journal humoristique qui porte ce nom, et ils avaient personnifié la figure bien connue du Polichinelle anglais dans une petite statuette polychrome qui attirait les regards de tous les visiteurs.

La réputation du journal *Punch* est universelle, et, sans trop s'avancer, on peut dire que les caricatures et le texte de M. Punch serviront un jour à ceux qui voudront écrire l'histoire de l'Angleterre au xixe siècle.

La collection complète comprend trente-quatre années renfermées dans 17 volumes, dans lesquels on trouve les meilleurs dessins des Tenniel et des John Leech.

Les *Handy volumes*, édition dans le format in-32, offraient, dans l'exposition de MM. Bradbury and C°, d'excellents spécimens de la fabrication des livres en Angleterre. On y retrouve ces caractères un peu grêles, mais si pleins de netteté, ces tirages soignés à la presse mécanique, ce papier teinté et enfin ces cartonnages à la fois souples et élégants; le tout forme un ensemble complet au milieu duquel rien ne détonne et qui impressionne favorablement à première vue l'amateur de livres.

Citons dans cette série une *Bible* en 11 volumes et un *Shakespeare* en 13 volumes, dans lesquels une exécution excellente n'exclut pas le bon marché. Nous ne quitterons pas MM. Bradbury and C° sans avoir parlé de l'*English Cyclopædia*, pour la rédaction de laquelle les éditeurs ont fait appel aux sommités de la littérature et de la science. Cette importante publication forme 12 volumes in-4°, comprenant 15,000 pages, 7,000 gravures sur bois et un atlas de 44 cartes en couleur; elle présente aussi bien à l'homme d'étude qu'à l'homme de science une foule d'informations et de renseignements précieux.

MM. Lockwood, Crosby and C° exposaient, à côté de quelques grands ouvrages sur l'architecture et des travaux publics, leur excellente collection de traités technologiques de Weale, divisés en trois séries bien distinctes : science, éducation et art.

Le Sunday school Union présentait une jolie série d'ouvrages pour les enfants, pour les classes ouvrières et pour les écoles du dimanche, édités surtout en vue de la propagande religieuse.

Les deux grands périodiques illustrés anglais avaient tenu à honneur de justifier leur grand et légitime succès en mettant sous les yeux des visiteurs de l'Exposition du Centenaire une suite de leurs meilleures gravures sur bois. L'Illustrated London News est un des plus anciens journaux illustrés publiés, croyons-nous, en Europe; il a rendu de grands services à la gravure sur bois par les progrès qu'il a su lui faire faire, et depuis près de quarante ans, avec une activité qui ne se dément pas, tient le public de la Grande-Bretagne, et nous pouvons ajouter, du monde entier, au courant des grands faits ou événements au moment où ils viennent de s'accomplir.

Le Graphic ne compte que sept années d'existence, et dès son apparition il a pris une place au premier rang des publications de ce genre. L'actualité n'exclut pas l'art, et à côté de gravures largement traitées nous donnant des types, des paysages, des scènes vivantes des dernières guerres et des événements de chaque jour, nous y trouvons d'excellentes reproductions de tableaux d'après les meilleurs maîtres. Les propriétaires du *Graphic* avaient eu l'heureuse idée de mettre sous les yeux du public les différentes phases que doit parcourir un dessin sur bois pour arriver à être gravé, puis imprimé : c'était une démonstration vivante de la manière dont se fait un journal illustré.

L'établissement géographique de MM. W. and A. K. Johnston doit la grande partie de son succès et sa réputation à ce que ses propriétaires étaient en même temps éditeurs et hommes de science.

Le *Royal Atlas of modern Geography*, dressé sous la direction de M. A. Keith Johnston, décédé il y a peu d'années, fait autorité et est consulté par tous. Il comprend environ 50 planches in-folio, auxquelles est joint un index comprenant 150,000 noms géographiques contenus dans l'Atlas.

Le *Handy royal Atlas* et le *Cabinet Atlas* forment comme un abrégé de cette grande publication.

A côté de ces publications à l'usage des gens de science et d'étude il faut citer la série des Atlas classiques, qui font également le plus grand honneur à MM. W. et A. K. Johnston. Gravées et imprimées en couleur avec le plus grand soin, elles joignent au mérite d'une excellente exécution celui d'un extrême bon marché. Dans cet ordre de publications, signalons entre autres un atlas du prix de 1 fr. 25 cent. contenant 24 cartes dans le format in-4°.

Des cartes de cabinet et des cartes murales pour les écoles complètent la série des publications de cette importante maison.

M. John Bartholomew, d'Édimbourg, présentait de bons spécimens de cartes géographiques et de plans gravés et imprimés dans son établissement,

MM. Augener and C°, de Londres, avaient envoyé la série complète des grandes œuvres de musique classique publiées par M. Pauer et montraient à la fois une édition de luxe et une édition à bon marché de Mozart, Mendelssohn et Schumann.

A côté de bonnes œuvres de musique classique et de rééditions des opéras italiens imprimées principalement en typographie MM. Novello, Ewer and C° offraient une curieuse édition en fac-simile du manuscrit original du *Messie* de Haendel.

Terminons en mentionnant les excellents spécimens en chromolithographie envoyés par MM. Marcus, Ward and C°. Albums pour enfants, *Valen-*

tines, images religieuses et autres, toutes les impressions qui sortent de cette maison ont un cachet particulier de goût et de bonne exécution.

Cette revue serait incomplète si nous n'ajoutions un mot sur l'exposition des COLONIES ANGLAISES. Le gouvernement du CANADA avait fait une large place au département de l'éducation, et on pouvait se rendre compte de l'état prospère de la librairie classique éditée dans le Dominion. Il semble un peu calqué sur le système américain, et nous ne reviendrons pas sur la publication des séries de *readers,* d'ouvrages de géographie et d'arithmétique.

Nous avons constaté avec regret que les éditeurs de livres en langue française, notamment l'importante maison de J. B. Rolland et fils, de Montréal, s'étaient abstenus de concourir. Nous aurions examiné là avec plaisir des spécimens d'ouvrages imprimés dans notre langue, qui a laissé de si profondes racines dans le Bas Canada.

Signalons brièvement : THE LOVEL PRINTING AND PUBLISHING COMPANY ; J. CAMPBELL, de Toronto ; HUNTER ROSE AND C°, de Toronto, et A. W. C. MAC KINLAY, comme ayant exposé des livres classiques et de littérature générale d'une bonne fabrication courante.

Un grand atlas publié par MM. WALKER ET MILES, de Toronto, est digne d'arrêter un instant l'attention. Cet atlas passe pour être la publication la plus complète sur la géographie du Canada et est rempli des renseignements les plus utiles.

Dans les COLONIES AUSTRALIENNES, on remarquait : les Rapports officiels du gouvernement de Victoria, les Comptes rendus des débats des Chambres du gouvernement de Queensland, enfin des Recueils de bulletins et ordonnances et un grand ouvrage sur les Animaux d'Australie présentés par THOMAS RICHARDS, imprimeur du Gouvernement à Sydney.

En résumé, les publications présentées par la librairie anglaise à Philadelphie étaient en nombre trop restreint pour pouvoir servir de terme de comparaison, mais suffisant pour faire regretter que l'industrie typographique, une des plus florissantes de ce grand pays, n'ait pas été plus largement représentée.

EMPIRES D'ALLEMAGNE ET D'AUTRICHE.

La prospérité du commerce de la librairie en Allemagne date du xv° siècle. Les bords du Rhin ont vu naître et grandir la grande invention de Gu-

tenberg, et l'on peut considérer l'Allemagne comme le véritable berceau
de la typographie. C'est avec un légitime orgueil que la Collectivité des
libraires allemands avait inscrit sur son catalogue la date de 1440, à
laquelle on est d'accord pour faire remonter la découverte de l'imprimerie.

De Strasbourg et de Mayence sont partis les premiers typographes pour
enseigner leur art en France, en Angleterre, en Italie, en Espagne et en
Hollande. Dès le commencement du xvie siècle, à Francfort-sur-le-Mein,
se tenait une foire annuelle où la librairie était largement représentée et
où des marchands venaient s'approvisionner en livres de tous les pays de
l'Europe. Bientôt après Francfort céda la place à Leipzig, qui devint définitivement le grand marché de la librairie allemande et resta un trait
d'union entre les différents pays germaniques, alors si profondément divisés au point de vue politique.

Depuis la fin du siècle dernier, les libraires, les éditeurs de cartes, de
musique et d'estampes, aussi bien que les libraires détaillants, forment
une vaste corporation dont le centre d'action et de réunion est à Leipzig.

C'est en effet dans cette ville qu'arrivent toutes les demandes de livres
faites des différents points de l'Allemagne et de l'étranger, pour être de là
expédiées à qui de droit. Une foire annuelle, qui se tient aux environs de
Pâques, réunit les libraires; les comptes, suivant une règle commune,
sont réglés à cette époque, et de nouvelles affaires sont conclues ou com-
mencées.

En 1875, 4,616 éditeurs ou libraires détaillants ont ainsi correspondu
entre eux par l'entremise de Leipzig. Sur ce chiffre total, 3,473 de ces
adhérents appartiennent à l'Allemagne, 563 à l'empire Austro-Hongrois
et 580 aux autres pays. Un des effets directs de cette concentration du
commerce des livres entre les mains de quelques commissionnaires est de
répartir la production dans un nombre relativement considérable d'éditeurs, fixés sur tous les points de l'Allemagne et même dans les plus petites localités.

Les trois plus grands centres d'éditeurs sont Leipzig, Berlin et Stuttgart;
mais la prépondérance de ces trois villes, en ce qui concerne le chiffre des
ouvrages qui y sont édités, n'est pas aussi considérable qu'on pourrait le
croire au premier abord, et elle se réduit même en réalité à des proportions relativement très-minimes.

Depuis quelques années, la moyenne des ouvrages nouveaux publiés
annuellement en Allemagne est de 12,000, et le chiffre des affaires de
librairie peut varier de 75 à 85 millions de francs, non compris les journaux, les périodiques expédiés par la poste et autres publications qui
échappent au contrôle.

Les éditeurs de Leipzig, qui semblaient s'être abstenus systématiquement d'exposer à Vienne, avaient voulu prendre à Philadelphie une revanche éclatante. Sans doute le souvenir des diplômes d'honneur accordés en 1873 à la Collectivité des libraires de Stuttgart et au Cercle de la librairie de Paris devait engager la masse des éditeurs allemands à sortir de l'inaction.

Le Börsenverein de Leipzig prenait donc l'initiative, et 157 membres de l'association répondaient à son pressant appel pour former une puissante collectivité. Des fonds étaient votés par les intéressés pour l'organisation de l'exposition, et le Gouvernement impérial lui-même leur venait en aide en leur accordant une importante subvention. Toutes les industries se rattachant au commerce de la librairie avaient tenu à honneur de se faire représenter au Centenaire : les fondeurs en caractères, les éditeurs de musique, exposaient à côté des graveurs sur bois, des stéréotypeurs et des chromolithographes.

Le comité d'exposition avait son siége à Leipzig et était présidé par M. Lorck, le savant directeur des *Annales de Typographie,* dont tous les libraires avaient pu apprécier la compétence à l'Exposition de Vienne.

Ce comité avait fait préparer et imprimer avec soin un catalogue qui contenait, à la suite des noms de chacune des maisons ayant contribué à la collectivité, un aperçu de leurs principales publications.

Le pavillon qu'occupait la librairie allemande avait été construit également par les soins du comité de direction. Les bustes de Gutenberg, d'Albert Dürer et de Sennefelder personnifiaient pour ainsi dire l'imprimerie, la gravure sur bois et la lithographie, et rappelaient trois noms glorieux pour l'Allemagne. Les livres étaient exposés sur des tables ou dans des rayons accessibles à tous, et pouvaient être feuilletés et examinés à loisir par les visiteurs. Bien que le pavillon fût vaste, il se trouvait insuffisant en présence du grand nombre des exposants et des volumes; il était presque impossible d'y établir une classification parfaitement méthodique; les recherches devenaient par suite quelquefois difficiles. Une autre critique pouvait être faite : si l'exposition était aussi complète que possible au point de vue d'une collectivité, si elle donnait tout ce qu'on peut demander à cet égard, c'est-à-dire en donnant de bonnes idées d'ensemble, elle devenait moins satisfaisante pour qui l'abordait avec l'intention d'examiner séparément chaque maison importante. Pour servir de base à des jugements sur le mérite individuel des exposants, elle était manifestement insuffisante, et au surplus elle n'avait pas été organisée dans ce but.

Nous pouvons donc regretter que certains grands éditeurs n'aient pas cru devoir faire une installation particulière et plus complète à côté de l'exposition collective; ils auraient ainsi permis d'étudier et de comparer plus à fond leurs publications qui se trouvaient confondues dans l'exposition générale. Nous croyons être d'autant plus fondé à exprimer ce regret, que les libraires allemands ne se présentaient pas pour obtenir une seule et unique récompense collective, mais que chaque exposant concourait séparément.

Nous devons parler en première ligne de la maison Brockhaus, de Leipzig, dont la réputation est universelle. C'est un des établissements les plus considérables qui. existent aujourd'hui. A l'exception de la fabrication du papier, MM. Brockhaus concentrent sous leur direction toutes les branches des industries qui concourent à la fabrication du livre. A côté de l'imprimerie typographique, où travaillent 25 presses à vapeur et 10 presses à bras, se trouvent une fonderie de caractères, une imprimerie lithographique, une imprimerie en taille-douce, des ateliers de gravure sur bois et en taille-douce, de stéréotypie et de galvanoplastie.

La reliure est aussi faite dans cette vaste maison, qui joint à la vente des livres édités par elle un commerce de commission des plus étendus. L'établissement a été fondé en 1805 par F. A. Brockhaus et prend chaque année un nouvel accroissement.

Une des publications principales est le *Dictionnaire de la Conversation* (*Conversations Lexikon*), encyclopédie universelle en 15 volumes in-8°, que doit posséder, en Allemagne, chaque particulier ayant une bibliothèque. Ce dictionnaire, qui a atteint sa 12e édition, a été vendu à plus de 300,000 exemplaires, et il a servi de type à toutes les publications du même genre éditées à l'étranger.

Le *Bilder Atlas,* iconographie complète des sciences et des arts, comprenant 8 volumes de planches et 2 de texte, peut être considéré comme complétant le *Conversations Lexikon.* Dans les grands ouvrages illustrés, il faut citer les *Galeries de Goëthe, de Schiller et de Lessing,* publiées dans trois formats différents; les *Voyages de Rohlf et de Schweinfurth* en Afrique et la relation de la *Grande expédition allemande au pôle nord.* Toutes les branches de la littérature et de la science sont largement représentées dans le catalogue de la maison Brockhaus; les littératures étrangères n'y sont pas oubliées, et on trouve, à côté d'une bibliothèque des classiques allemands depuis le moyen âge jusqu'à nos jours, d'intéressantes collections des œuvres des meilleurs auteurs italiens, espagnols, portugais, polonais et hollandais.

La fondation de la librairie Cotta, de Stuttgart, remonte à 1640. Depuis cette époque, cette importante maison a eu l'honneur d'éditer les ouvrages de presque tous les grands écrivains allemands.

Il y a peu d'années encore, elle avait le droit exclusif de publier les œuvres de *Goëthe* et de *Schiller*. Une suite intéressante de bonnes éditions, dans différents formats, des deux grands classiques allemands figuraient en première ligne dans l'exposition de la librairie Cotta. N'oublions pas de belles éditions illustrées du *Faust* de Goëthe, du *Reinecke Fuchs*, d'après les dessins de Kaulbach, et de *la Fille aux pieds nus* d'Auerbach. De même que les Brockhaus, les Cotta fabriquent entièrement le livre dans leur établissement; ils sont en outre propriétaires de la célèbre *Gazette d'Augsbourg*.

Le nom de Tauchnitz est bien connu des lecteurs anglais : la collection des *British Authors*, comprenant plus de 1,600 volumes, est répandue maintenant dans tous les pays en dehors des possessions anglaises et atteint une vente considérable. La série des éditions des meilleurs classiques grecs et latins jouit aussi d'une réputation universelle.

Il ne faut pas oublier, en citant cette maison, de parler de sa collection de dictionnaires, parmi lesquels notons le *Dictionnaire technologique* de Tollhausen, de ses Bibles en hébreu, en grec et en latin, et surtout des *Monumenta sacra*, édités par Tischendorf.

Sans contredit, une des parties les plus intéressantes de l'exposition de la librairie allemande était celle réservée à Justus Perthes, de Gotha, et à son Institut géographique. Porter un jugement sur les *Atlas* de Stieler et de Sydow, sur les grandes *Cartes* de Petermann, c'est entrer plutôt dans le domaine de la science que dans celui de la librairie; mais nous pouvons parler de ces belles productions au point de vue de la bonne exécution de la gravure et en louer l'impression. Les *Geographische Mittheilungen* du docteur Petermann figurent aussi au rang des plus utiles publications de Justus Perthes; n'oublions pas enfin l'*Almanach de Gotha*, qui compte 114 années d'existence, et dont les informations sont une source de renseignements précieux pour le présent et pour l'avenir.

L'Allemagne est le pays où les publications concernant la bibliographie sont l'objet des études et des recherches les plus nombreuses. A côté du *Börsenblatt*, qui enregistre tous les ouvrages nouveaux au fur et à mesure de leur apparition, se groupent de nombreux journaux et catalogues généraux paraissant périodiquement. Le *Catalogue complet* de Kayser (*Vollständiges Bücher-Lexicon*), publié par Weigel, forme 18 volumes comprenant tous les livres publiés en Allemagne de l'année 1750 à l'année 1870. Citons encore les *Catalogues raisonnés* de Hinrichs et l'*Address-Buch* de Schulz, et enfin les *Annales de Typographie*, recueil périodique, un des organes les plus autorisés pour l'industrie du livre, qui a pour directeur M. Lorck, un des organisateurs les plus actifs de la Collectivité de Leipzig.

Il n'entre pas dans notre cadre de passer en revue les 157 maisons allemandes qui avaient figuré à l'Exposition du Centenaire; nous nous contenterons de donner les noms des plus importantes. Nous nommerons : pour les grandes publications illustrées, Ackermann, de Munich, éditeur des *Trésors de la Chapelle royale,* avec de nombreuses chromolithographies; J. G. Bach, de Leipzig, qui exposait les *Costumes nationaux de l'Allemagne,* ouvrage orné de planches en couleurs. Nous citerons ensuite : Engelmann, de Leipzig, pour le *Papyros Ebers;* Fischer, de Cassel, pour les *Paleontographica;* G. W. Seitz, de Wandsbeck, pour les belles planches en couleur des *Paysages du Nil;* Wagner, de Berlin, pour les bonnes reproductions des *Aquarelles d'Hildebrandt;* et Weigel, pour ses ouvrages d'architecture; puis enfin, à la suite, les importantes maisons de Dürr, Otto Spamer, Engelhorn, Grote, Bædeker, dont les éditions d'ouvrages illustrés sont justement appréciées.

Dans les publications concernant la géographie, il serait injuste d'oublier Reimer, de Berlin, éditeur des excellents *Atlas* de Kiepert, et Ernst Schotte, qui avait envoyé sa collection de globes à bon marché.

L'Illustrirte Zeitung, de Leipzig, le Daheim et le Bazar, ce dernier grand journal de modes allemand imité, traduit et reproduit dans toutes les langues, présentaient des spécimens de la presse périodique illustrée.

Enfin le commerce de la musique était représenté surtout par l'importante maison Breitkopf et Härtel, qui exposait à côté d'excellentes collections à très-bon marché les superbes éditions in-folio des *OEuvres complètes* de Bach, Beethoven, Mendelssohn et Mozart.

Les libraires autrichiens n'avaient pas, en réalité, pris des dispositions particulières pour envoyer leurs produits à Philadelphie.

Les livres qu'il nous a été permis d'examiner étaient compris dans l'exposition des architectes et des ingénieurs civils de Vienne; ils consistaient principalement en grands ouvrages imprimés avec le plus grand soin, contenant de fort belles planches et concernant la technologie, les travaux publics et l'architecture; ils portaient les noms des grands éditeurs autrichiens, les Gerold, les Lehmann et Wentzel, les Ernst et Korn et les Waldheim.

En résumé, à part quelques exceptions très-regrettables, telles que celles des Decker, des Teubner, des Bruckmann et des Giesecke et Devrient, l'exposition de la Collectivité de Leipzig présentait un ensemble aussi com-

plet que possible. Si elle ne donnait pas aux visiteurs des éléments suffi-
sants pour apprécier chaque exposant en particulier, elle lui permettait
cependant de juger, en un coup d'œil, de l'état de l'industrie du livre en
Allemagne. L'impression générale était bonne, les qualités et les défauts
relevés aux Expositions précédentes restent intacts. Si l'on peut reprocher
aux typographes allemands de n'avoir guère adopté les caractères romains
que pour les ouvrages de science et d'employer presque exclusivement les
types gothiques, il faut leur savoir gré du soin apporté à la correction
et à l'impression du texte.

Les reliures allemandes n'ont pas la simplicité de bon goût qui fait rechercher les cartonnages anglais; mais nous avons pu constater de remarquables résultats dans la gravure sur bois et les impressions en couleur.

Il est à regretter que la Collectivité des libraires allemands ait demandé
pour ainsi dire à diviser ses forces et n'ait pas, à l'exemple du Cercle de la
librairie de Paris, concouru pour une seule et unique récompense, car le
Jury aurait eu la satisfaction de rendre justice aux efforts qui avaient présidé à cette imposante manifestation collective.

PAYS-BAS.

L'exposition collective des libraires hollandais offrait l'ensemble le plus
intéressant et le plus complet; de plus, elle était disposée avec une méthode
qui facilitait singulièrement les études et les recherches. Les idées qui
avaient présidé à l'organisation de cette exposition étaient présentées dans
la préface d'un catalogue in-8°, systématiquement ordonné et comprenant
la liste des ouvrages envoyés par les 126 libraires éditeurs qui avaient
pris part à ce concours. L'ordre du catalogue avait été suivi en disposant
dans les vitrines les livres eux-mêmes : chaque volume était numéroté et
portait son prix marqué en face de la page de titre. A de très-rares exceptions près, le comité n'avait admis que des livres d'origine absolument
hollandaise.

Si nous suivons dans notre examen l'ordre adopté par le catalogue,
nous trouvons en premier lieu les intéressantes publications bibliographiques de Brinkman et de bonnes histoires de l'art typographique. Dans
la classe des ouvrages religieux, une belle édition de la *Bible*, avec les illustrations de Gustave Doré, offrait un excellent spécimen de l'impression
typographique de texte et de gravure. La *Monographie de l'île de Bornéo*
de Schwaner, la *Bibliotheca ichthyologica et piscatoria* de Bosgoed, le grand
Traité de Zoologie de Burgersderk, tous ouvrages illustrés de nombreuses
planches, notamment en couleur, faisaient honneur aux éditeurs de livres

scientifiques. Citons encore dans le même ordre les publications de l'Académie des sciences d'Amsterdam et l'*Encyclopédie illustrée* de Brinkman.

La littérature hollandaise était représentée par un véritable monument, les *OEuvres complètes* du poëte Vondel, le Shakespeare hollandais, éditées et imprimées avec le plus grand soin par les frères BINGER, d'Amsterdam. Cette édition forme 12 volumes grand in-8° et contient de belles gravures d'après les meilleurs artistes hollandais. N'oublions pas la collection à bon marché, publiée par THIEME, des meilleurs romanciers hollandais, à la tête desquels nous devons nommer J. van Lennep, le célèbre auteur des *Aventures de Ferdinand Huyck.*

La librairie d'art exposait surtout de beaux ouvrages accompagnés d'eaux-fortes et de chromolithographies, d'après les grands maîtres hollandais ou flamands.

La plupart de ces ouvrages, notamment celui portant pour titre *École hollandaise,* témoignent que la chromolithographie de luxe a fait de sérieux progrès dans les Pays-Bas.

Quand nous aurons cité pour mémoire de nombreux ouvrages d'éducation et d'enseignement et une intéressante collection des journaux les plus répandus, nous aurons terminé cette rapide revue de la collectivité de la librairie hollandaise.

Qu'il nous soit permis de dire que cette exposition d'ensemble permettait de voir que les glorieuses traditions typographiques du xviᵉ et du xviiᵉ siècle sont encore vivantes dans un pays qui a eu la gloire de donner le jour aux Elzévirs.

Les conclusions du Jury international ont été des plus favorables à l'association des libraires hollandais; nous constaterons avec plaisir ces éloges mérités, qui sont dus en grande partie aux efforts de MM. THIEME, VAN KAMPEN, BRINKMAN, BROMOER, VAN DYCK et VAN HOLKEMA, les organisateurs de cette exposition.

BELGIQUE.

Nous avons peu à dire sur les libraires-imprimeurs belges, dont un petit nombre seulement s'étaient fait représenter au Centenaire. Nous signalons avec plaisir quelques exceptions notables aux abstentions que nous avons eu le regret de constater.

La maison DESSAIN, de Malines, avait envoyé ses ouvrages de liturgie catholique et sa collection de livres de prières et de piété. Plusieurs de ces volumes, notamment les Missels et les Bréviaires imprimés en noir et rouge, témoignent d'une bonne fabrication courante et méritent des éloges.

La librairie Manceaux, de Mons, fondée en 1772, édite, à côté d'une série de publications destinées aux enseignements primaire et secondaire, des ouvrages de science pure et de médecine.

Callevaërt, de Bruxelles, est l'éditeur de Méthodes d'écriture, de lecture et autres concernant l'enseignement primaire.

Enfin une place importante était réservée à la librairie d'architecture et d'art dirigée par J. Claesen, de Bruxelles. Citons, parmi les œuvres importantes publiées par cette maison, les *Motifs d'architecture*, la *Flore pittoresque*, les *Tableaux décoratifs* de Carpey, et surtout le *Livre d'ornements* de Liénard, dont les planches à l'eau-forte sont remarquables d'exécution.

SUISSE.

La Confédération Helvétique avait consacré une large part de son exposition à l'éducation proprement dite, et c'était dans ce département qu'il fallait principalement rechercher les produits de la typographie et de la librairie. Les collections les plus intéressantes d'ouvrages classiques exposées étaient éditées par Schultess, de Zurich; Christen, d'Aarau; Dalp, de Berne; Huber, de Frauenfeld, et Orell Fussli et Cⁱᵉ, de Zurich.

L'Alpenclub, de Berne, avait envoyé son Annuaire, publié depuis douze ans; il contient d'excellentes cartes des principaux districts visités par les ascensionnistes, et notamment celles du Valais, des environs de Martigny et de Zermatt.

Nous avons ici encore à mentionner aussi une abstention regrettable, celle de MM. Benziger frères, d'Einsiedeln, le plus vaste établissement typographique qui existe en Suisse. Les relations très-étendues que cette maison entretient avec les États-Unis auraient fait espérer qu'elle exposerait ses ouvrages si justement appréciés.

Citons aussi, pour mémoire, la cartographie suisse, qui se tient au premier rang et dont malheureusement de trop rares spécimens figuraient dans l'examen des produits réservés au groupe XXVIII.

ITALIE.

Quelques éditeurs seulement, et parmi eux Brigola, de Milan, avec des ouvrages classiques et scientifiques, Gravina, de Palerme, avec une Monographie richement illustrée de la cathédrale de Monreale, représentaient la librairie italienne. Par contre, l'exposition de certains éditeurs de musique était digne de fixer l'attention. Dans ce genre, Lucca avait envoyé de bonnes éditions des Opéras de Verdi et de Donizetti; mais nous devrons nommer en première ligne T. Ricordi, de Milan.

La fondation de cet établissement remonte à plus de 60 ans. Giovanni Ricordi, père du directeur actuel, a pour ainsi dire créé ou transformé le commerce de la musique en Italie; il avait fait son apprentissage en Allemagne, et les premiers morceaux qu'il a publiés ont été gravés par lui-même.

Les noms des musiciens les plus illustres figurent sur le catalogue des œuvres publiées par la maison Ricordi; citons au hasard Bellini, Donizetti, Mercadante, Meyerbeer, les frères Ricci et Verdi.

Des éditions à bon marché, remarquables par la netteté de la gravure et de l'impression, justifieraient à elles seules la réputation presque universelle de cette maison. Disons, en passant, que M. Ricordi est en outre éditeur d'un recueil périodique estimé, la *Gazette musicale de Milan*; qu'il emploie constamment plus de 200 ouvriers, occupés soit à la gravure, soit aux presses typographiques ou lithographiques. Enfin, depuis sa création, cette maison a publié 45,000 œuvres musicales de tous genres, écrites par plus de 2,000 compositeurs italiens ou étrangers.

SUÈDE ET NORWÉGE.

L'exposition de l'Imprimerie centrale de Stockholm suffisait pour faire porter un jugement favorable sur l'état actuel de la typographie suédoise. Les ouvrages sortis des presses de cette maison se distinguent par le soin apporté au tirage aussi bien du texte que des gravures; on remarquait aussi de bons spécimens d'impression en couleur. La fondation de cet établissement ne remonte qu'à peu d'années, mais il a conquis dès son début une place importante : il occupe 12 machines en typographie, 4 machines lithographiques, et possède une fonderie de caractères et des ateliers de reliure et de cartonnage; le chiffre annuel d'affaires peut être évalué à 800,000 francs.

MM. Key Axel et Retzius, de Stockholm, avaient envoyé d'intéressants ouvrages de médecine, accompagnés de fort belles planches en couleur.

Quant à la Norwége, elle était représentée par Jensen, de Christiania, éditeur d'ouvrages illustrés; par Beutzen, de la même ville, qui exposait une *Grammaire russo-norwégienne* de bonne impression courante, et enfin par l'Association des touristes norwégiens, dans la vitrine de laquelle on remarquait une collection d'*Annuaires* et une excellente *Carte orographique de la Norwége*.

RUSSIE.

La Russie comptait peu d'exposants dans la section de la librairie et de l'imprimerie. Il faut donc remercier les rares éditeurs qui ont permis d'examiner à Philadelphie quelques livres russes.

Le plus important d'entre eux est Wolf, qui exposait de beaux ouvrages illustrés imprimés dans ses ateliers de Saint-Pétersbourg. Unger, de Varsovie, avait envoyé son *Recueil périodique illustré;* enfin Jurgenson, de Moscou, représentait l'impression de la musique.

En dehors des noms que nous venons de citer, il faut parler des publications géographiques du colonel Illyne. Quiconque s'occupe en France de cartographie se souvient du succès qu'ont obtenu en 1875, au congrès géographique de Paris, les *Atlas* et les grandes *Cartes* publiées par cette maison. L'effet produit à Philadelphie n'a pas été moindre, et là le succès a été aussi complet.

Ne quittons pas la Russie sans parler de l'Expédition des papiers de l'État, cette grande institution nationale qui touche de si près et par tant de côtés à l'industrie du livre. Près de 2,000 ouvriers sont occupés dans l'établissement où est fabriqué le papier filigrané, où travaillent plus de 50 presses mécaniques, et où enfin sont mis en pratique avec la plus grande habileté tous les procédés connus de l'héliogravure et de la galvanoplastie.

BRÉSIL ET RÉPUBLIQUE ARGENTINE.

L'Amérique du Sud est encore un pays presque neuf pour l'art de la typographie : elle s'est laissé de beaucoup devancer par ses voisins du Nord dans l'industrie du livre; il serait injuste néanmoins de méconnaître les efforts qui sont tentés et de ne pas leur donner de justes éloges. L'Imprimerie nationale de Rio-de-Janeiro rend d'utiles services au Gouvernement impérial du Brésil en imprimant la *Gazette officielle* et les *Recueils des lois et rapports.*

L'impression courante présente des résultats satisfaisants; nous avons également remarqué de bons spécimens de stéréotypie.

L'Institut artistique de Rio présentait des ouvrages sur les Oiseaux du Brésil et sur les Chemins de fer, accompagnés de planches en chromolithographie.

Les maisons Laemmert et Alvès avaient envoyé des ouvrages de science et d'éducation.

Enfin Leuzinger, de Rio, se distinguait par d'honorables spécimens d'impressions courantes en typographie ou en lithographie et par des publications industrielles ou commerciales.

Pour ce qui concerne la république Argentine, le Ministère de l'instruction publique avait envoyé une collection de rapports officiels et d'ouvrages sur la science, l'éducation, les finances et la jurisprudence. L'impression des volumes est en général assez satisfaisante, mais on peut reprocher aux éditeurs l'emploi de papier de qualité inférieure, ce qui nuit aux résultats qui pourraient être obtenus.

En terminant cette étude sommaire sur l'imprimerie et la librairie à l'Exposition de Philadelphie, essayerons-nous de jeter un coup d'œil en arrière et d'examiner quelle part chaque nation a prise dans ce grand concours international au point de vue de l'industrie du livre? Ce serait une tentative téméraire; les conditions mêmes où la typographie s'est particulièrement trouvée au Centenaire rendent presque impossible ce jugement d'ensemble. Ce n'est pas, croyons-nous, dans une exposition comme celle de Philadelphie, si éloignée des grands centres historiques de la production, si peu entourée de renseignements ou de garanties d'exactitude qu'un tel concours exigerait, ce n'est pas là qu'il faut aller s'instruire pour décider à quel pays doit appartenir la prépondérance.

Les termes de comparaison manquaient justement dans les circonstances où il aurait été le plus utile de les avoir pour porter un jugement parfaitement exact. La représentation à Philadelphie était fort inégale : les imprimeurs-libraires anglais, par exemple, s'étaient systématiquement abstenus, ainsi que nous en avons exprimé plus haut le regret. En France, en Allemagne, en Hollande, les expositions collectives couvraient, jusqu'à un certain point, les trop nombreuses abstentions; mais si des expositions de ce genre ont l'avantage de présenter pour l'ensemble d'un pays un tableau complet, elles sont d'autre part trop restreintes pour permettre à un examinateur sérieux d'élucider à fond toutes les questions et d'étudier tous les mérites individuels en parfaite connaissance de cause.

Le nombre des récompenses distribuées respectivement à chaque pays ne peut pas davantage être un élément d'appréciation : pour nous en convaincre, il suffira de dire que les 157 maisons ayant participé à la Collectivité de Leipzig concouraient séparément pour les récompenses, tandis que le Cercle de la librairie de Paris, qui représentait 47 exposants, et l'Association des libraires hollandais, qui comprenait 126 imprimeurs-libraires, n'entraient en compétition chacun que pour une seule médaille. Nous ne pouvons donc que constater les résultats acquis sans trop chercher à les comparer.

Aussi nous bornerons-nous à tirer de l'enquête à laquelle nous nous sommes livré deux conclusions seulement : l'une particulière, c'est que l'antique supériorité de la France sur beaucoup de points nous a paru aussi indéniable que jamais, éclatante surtout dans ces éditions de grand luxe, dans ces ouvrages d'architecture, d'art appliqué à l'industrie et aux travaux publics, qui jetaient un vif éclat et ne craignaient aucune comparaison ; cette supériorité, nous pouvons le dire avec quelque orgueil, s'affirmait et se résumait dans l'ensemble plein de goût et d'harmonie que présentait l'exposition du Cercle de la librairie.

L'autre conclusion, plus générale, et non moins encourageante, c'est que, si nous continuons à garder notre rang, nos rivaux ne se ralentissent pas dans leurs efforts : la librairie allemande avec son ensemble compacte, imposant, de publications surtout scientifiques, la librairie anglaise avec son luxe de bon aloi, la librairie américaine avec sa variété, sa richesse, surtout en matière d'éducation primaire, et ses audaces, la librairie hollandaise avec sa persévérante solidité, toutes présentent des mérites qui leur sont propres. Assurément une industrie qui se renouvelle et se perfectionne avec une aussi incessante activité n'est pas menacée de décadence ; l'art typographique grandit tous les jours, et la librairie comprend et remplit de mieux en mieux la grande mission civilisatrice qui lui est confiée.

R. FOURET.

www.ingramcontent.com/pod-product-compliance
Lightning Source LLC
LaVergne TN
LVHW022040080426
835513LV00009B/1160